城乡道路客运一体化评价理论与实践

Integrated Evaluation Theory and Application on Urban and Rural Road Passenger Transport

周一鸣　庞清阁　李忠奎　编著

人民交通出版社股份有限公司
China Communications Press Co.,Ltd.

内 容 提 要

本书从城乡道路客运一体化内涵研究入手，提出城乡道路客运一体化发展类型划分方法，针对不同类型地区推荐发展模式，明确各模式特征和发展要求，建立发展水平评价指标体系和评价标准，并提出推进一体化发展的政策建议，为各地有序推进城乡道路客运一体化健康发展提供参考。

本书可作为各级交通运输主管部门有关人员学习参考用书，也可供道路运输相关专业科研技术人员学习参考。

图书在版编目（CIP）数据

城乡道路客运一体化评价理论与实践 / 周一鸣，庞清阁，李忠奎编著. —北京：人民交通出版社股份有限公司，2016.8

ISBN 978-7-114-13190-5

Ⅰ.①城… Ⅱ.①周… ②庞… ③李… Ⅲ.①公路运输—旅客运输—城乡一体化—研究 Ⅳ.①U492.4

中国版本图书馆 CIP 数据核字(2016)第 161393 号

书　　名：城乡道路客运一体化评价理论与实践
著 作 者：周一鸣　庞清阁　李忠奎
责任编辑：戴慧莉
出版发行：人民交通出版社股份有限公司
地　　址：(100011)北京市朝阳区安定门外外馆斜街 3 号
网　　址：http://www.ccpress.com.cn
销售电话：(010)59757973
总 经 销：人民交通出版社股份有限公司发行部
经　　销：各地新华书店
印　　刷：北京市密东印刷有限公司
开　　本：787×980　1/16
印　　张：10.75
字　　数：210 千
版　　次：2016 年 10 月　第 1 版
印　　次：2016 年 10 月　第 1 次印刷
书　　号：ISBN 978-7-114-13190-5
定　　价：42.00 元
（有印刷、装订质量问题的图书由本公司负责调换）

前　言

PREFACE

当前，我国处于全面建成小康社会的攻坚阶段，中央正积极统筹城乡协调发展，提升城乡公共服务水平，促进城乡公共资源均衡配置，推动城镇公共服务向农村延伸。城乡客运是联系城乡、服务居民出行的重要纽带，是城乡经济社会一体化发展的重要基础，与人民群众生产生活息息相关。推进城乡道路客运一体化发展，实现城乡道路客运资源共享、政策协调、衔接顺畅、布局合理、结构优化、服务优质，是贯彻中央统筹协调发展战略的重要举措，是全面建成小康社会的迫切需要。近年来，在各级政府的大力支持下，各地交通运输主管部门加快城乡道路客运一体化发展步伐，成效初显。但由于城乡道路客运一体化的相关概念不明确、发展类型未理清、发展模式无参考等问题的存在，使得有些地方在推进城乡道路客运一体化发展时还不能准确地把握和认清自身发展环境条件与基础发展水平，没有可供选择的发展模式参考，缺少进行发展水平客观评价与横向对比的评价方法，制约了一体化发展的速度。因此，针对上述问题，进行城乡道路客运一体化评价方法的研究，为城乡道路客运一体化发展奠定理论基础，显得尤为迫切。

交通运输部科学研究院对此问题进行了长期的跟踪研究，调研剖析了历年来国内外城乡道路客运一体化发展情况，在相关领域开展了大量科研项目，取得了一批具有奠基性和开创性的科研成果。本书以已完成的城乡道路客运一体化评价指标体系研究（交通运输部软科学研究项目）为基础，结合城乡区域交通一体化的重点及对策研究（交通运输部重大研究课题）、关于推进城乡交通一体化发展情况的调研报告（交通运输 2015 年重大调研项目）和城乡客运一体化发展评价方法研究（中央基本科研业务费项目）等课题研究，以及编著者为《关于加快推进城乡道路客运一体化发展的若干意见》(交运发〔2011〕490 号)和《交通运输部关于开展城乡道路客运一体化发展水平评价有关工作的通知》(交运发〔2014〕259 号)等多项文件做技术支撑工作的实践成果,形成了城乡道路客运一体化相关基础理论研究、城乡道路客运一体化发展类型划分、城乡道路客运一体化评价指标体系构建、城乡道路客运一体化发展模式研究、城乡道路客运一体化发展水平评价方法研究、城乡道路客运一体化评价系统软件以及城乡道路客运一体化推进方法研究等成果,整理形成。

感谢交通运输部对本研究的重视和关心,特别感谢刘小明副部长和运输服务司蔡团结副司长对本研究的大力支持和悉心指导!感谢孙小年、徐英俊、王东、龚露阳、刘振国、王显光、钟朝晖、张毅、孙可朝、武平、杨东等,他们都为本书付出良多并贡献了智慧。感谢曾经在项目研究和本书写作中给予帮助和指导的各位领导和专家!感谢人民交通出版社股份有限公司在本书出版过程中给予的指导和辛勤付出!在研究与撰写过程中参考了大量国内外文献与书籍,在此谨向原著作者表示崇高的敬意和由衷的感谢!

由于水平有限、时间仓促,本书未尽之意颇多,纰漏或不当之处在所难免,诚望各位领导、专家和广大读者批评指正,以助笔者进一步提升认识和水平。

编著者

2016 年 8 月于北京

目　录

CONTENTS

第1章　城乡道路客运一体化概述

本章从大部制改革前后我国城乡道路客运一体化概念形成的探索历程入手，介绍城乡道路客运中常见的城市公交、班车客运、城乡客运、农村客运四种运营模式，提炼城乡道路客运一体化的内涵，剖析城乡道路客运一体化的特征。

1.1　我国城乡道路客运一体化概念的发展历程

道路交通领域“城乡一体化”实践中，形成了很多概念。这些不同时期形成的概念在内涵和外延上都有所不同，构成了城乡道路客运一体化概念不断成熟完善的过程。

1.1.1　交通运输大部制改革前城乡道路客运一体化的探索

(1)省级规划及政策文件中与城乡道路客运一体化相关的提法。

城乡公路交通一体化：见之于《北京市“十一五”时期交通发展规划》。

城乡公交一体化：见之于“关于印发重庆市优先发展城市公共交通实施意见的通知(渝办发〔2007〕249号)”。

城乡一体化的公共交通体系：见之于“福建省人民政府办公厅转发省建设厅等部门关于优先发展福建省城市公共交通实施意见的通知(闽政办〔2006〕49号)”。

(2)地市及县市级规划及政策文件中与城乡道路客运一体化相关的提法。

城乡交通一体化：见之于“成都市人民政府关于优先发展城市公共交通的实施意见(川府发〔2005〕1号)”等。

城乡公交客运一体化：见之于“江苏金坛市政府关于加快推进城乡公交客运一体化工作的意见”等。

城乡公交一体化：这个概念运用最为普遍，包括中东西部地区的江苏、浙江、云南、山西、江西等地市级、县级城市均出台了相关文件。

1.1.2 交通运输大部制改革后的城乡道路客运一体化的探索

交通运输大部制改革后，城乡道路客运一体化的探索更加深入，对城乡道路客运一体化的认识逐步形成共识。

(1)新时期道路运输业发展十大专题大调研。

2009年，交通运输部道路运输司(后改名为运输服务司)组织了“新时期道路运输业发展十大专题大调研”，在《统筹城乡客运协调发展调研报告》中首次提出了“城乡客运一体化”的概念，并对统筹城乡客运发展的总体思路进行了探索。核心内容是以“深入实践科学发展观，以广大城乡居民的切身利益为根本出发点，始终坚持公交优先、城乡一体的发展理念，充分发挥政府主导和部门联动、政策引导和市场互动的机制作用，按照城乡客运协同并进的思路，在分类指导中强调统筹，在共同发展中强化协调，努力形成资源共享、衔接有效、布局合理、结构优化的城乡道路客运一体化发展格局，全方位、多层次地为城乡居民提供快捷、安全、方便、舒适并且经济、高效的道路客运服务”为指导思想，以“以人为本，均等服务；因地制宜，分类指导；政府主导，多予少取；整合资源，规范管理”为基本原则，并提出了“以提升服务为核心，深入推进城市公交优先发展；以完善网络为重点，大力促进农村客运加快发展；以城乡一体为导向，不断优化城乡客运衔接协调”等三项重点任务。

(2)交通运输部李盛霖部长在2010年全国农村公路工作会议上的讲话。

在2010年全国农村公路工作会议讲话中，李盛霖部长第一次提出，将“加快推进城乡客运交通一体化进程”作为落实2010年中央一号文件要求、履行好交通运输部门职责的四点重要意见之一。讲话明确提出推进城乡道路客运一体化进程是实现交通运输服务均等化的必然要求，并要求“各地交通运输部门要认真贯彻落实中央统筹城乡经济协调发展的要求，加快推进城乡道路客运一体化进程，形成城乡公共客运资源共享、相互衔接、布局合理、方便快捷、畅通有序的新格局。有条件的地方，要用公交化的理念，推进农村客运班线改造；用便捷化的理念，支持城际客运资源整合；用一体化的理念，优化城乡道路客运网络衔接。促进城市公交扩大服务范围，推进公共交通服务均等化”。这是“城乡客运一体化”第一次出现在政府讲话和文件中。

(3)交运发〔2011〕490 号《关于积极推进城乡道路客运一体化发展的意见》。

交通运输部下发的《关于积极推进城乡道路客运一体化发展的意见》(以下简称《一体化意见》)分析了推进城乡客运一体化发展的重要性和紧迫性,以及当前城乡客运一体化发展中存在的问题,明确了推进我国城乡客运一体化发展的总体思路。

指导思想是:深入贯彻落实科学发展观,以推进城乡客运基本公共服务均等化和保障城乡居民"行有所乘"基本需求为目标,以转变城乡客运发展方式为主线,坚持"公交优先、城乡一体"的发展理念,将统筹城乡客运协调发展作为为民办实事的重大工程,充分发挥政府主导和部门联动、政策引导和市场互动的组合作用,努力为城乡居民提供安全、便捷、经济、高效的出行服务。

主要目标是:力争用 5 年左右时间,全国城乡客运一体化发展取得重要突破,城乡客运发展更加协调、网络衔接更加顺畅、政策保障更加到位,服务广度和深度逐步提升,服务质量显著改善,可持续发展能力明显增强。具体目标包括:一是基本建成分工明确、衔接顺畅、保障有力、安全高效的城际、城市、城乡、镇村四级客运网络;二是建设一个管理规范、服务优质、衔接顺畅、方便灵活的城际客运系统,有效衔接城市公共交通、农村客运及其他客运方式,不断巩固道路客运的保障能力、竞争优势及其在综合运输体系中的主体地位;三是基本建成能力充分、方便快捷、安全舒适、节能环保的城市公共交通系统,实现地市级以上城市公共交通网络覆盖郊区主要乡镇;四是加快构建覆盖全面、运行稳定、安全规范、经济便捷的农村客运系统,实现全国乡镇通班车率达到 100%,建制村通班车率达到 92%,100% 的中心镇建成客运站、候车亭或招呼站,积极推进农村客运线路公交化改造,力争实现县域内 20km 范围内的农村客运线路公交化运行率达到 30% 以上。

基本原则是:坚持以人为本,城乡协调。坚持政府主导,政策引导。坚持因地制宜,分步推进。坚持统筹协调,资源整合。

《一体化意见》还明确提出了今后一个时期推进城乡客运一体化的七大重点任务和四项保障措施。可以说,《一体化意见》是我国国家层面第一个有关城乡道路客运一体化的系统的、全面的、科学的指导性文件。

(4)交运发〔2014〕259 号《关于开展城乡道路客运一体化发展水平评价有关工作的通知》。

为进一步推动城乡道路客运一体化发展,按照《关于积极推进城乡道路客运一体化发展的意见》(交运发〔2011〕490 号)要求,交通运输部决定部署开展城乡道路客运一体化发展水平评价工作,下发了《交通运输部关于开展城乡道路客运一体化发展水平评价有关工作的通知》(交运发〔2014〕259 号),建立完善了城乡道路客运一体化发展水平评价机制,统一了城乡道路客运一体化发展水平评价指标体系和评价规范,规范城乡道路客运一体化发展水平评价程序,建立了城乡道路客运一体化工作激励机制。

1.2 城乡道路客运的运营模式和特点

根据《一体化意见》中所述,城乡一体的客运网络服务体系由城际、城市、城乡、镇村四级网络构成,主要包括城际客运系统、城市客运系统、农村客运系统。城乡道路客运是指:用客车运送旅客、为城乡公众出行提供服务的道路客运活动,是服务城乡居民出行的各种道路公共客运方式的总称,包括城市公交、班车客运、包车客运等。城乡道路客运目前主要有城市公交、班车客运、城乡客运和农村客运四种运营模式。

城乡道路客运发展的主要目的是以满足城乡居民日常基本出行为主,城乡道路客运系统的设施和服务是为城乡所有居民共同使用,不具有特定的消费群体,任何居民都能消费,具有收益的非排他性和消费的非竞争性,是一种公共需求,用于满足城乡居民共享的公共利益,因此城乡道路客运具有典型的社会公益性。

1.2.1 城市公交

(1)定义:国家暂未有相关定义,只有公共汽电车的定义,是指"在城市中按照规定的线路、站点和时间营运,供公众乘坐的客运车辆"。具体可见《城市公共汽电车客运管理办法》(中华人民共和国建设部令第 138 号)。一般认为,城市公交为具有公益性的服务行业,主要是指公交企业利用客运车辆,在规定的公共汽车客运线路上,按照批准的线路、路号、站点、班次、时间、价格营运,为公众提供乘用服务的运输活动。

(2)开行范围:城市区域,但对城市区域并未明确界定,特别是在城市拓展区的运行线路未明确开行条件。

(3)客流条件:站点间的客流量大、客流稳定,高峰特征明显,由于城市公交的低票价服务,具备绝对的市场竞争力。

(4)发展特点:

①运行特点,主要为中短途客运,基本运行于城市道路;由于城市道路路况复杂,一般运行速度较低,为10~30km/h;

②准入条件,政府特许经营;

③运营模式,定线、定班、定点、定站、定票价;

④票价,采用政府定价,多实行低票价;

⑤核载标准,车厢固定乘客座位数+车厢有效站立面积(m^2)×允许站立人数/m^2,其中允许站立人数按8人/m^2计算。

1.2.2 班车客运

(1)定义:班车客运被定义为“商业性质的道路客运活动”,主要指营运客车在城乡道路上按照固定的线路、时间、站点、班次运行的一种客运方式,见《道路旅客运输及客运站管理规定》(交通运输部令2012年第8号)。

(2)开行范围:主要包括地区所在地与地区所在地之间或者营运线路长度在800km以上、地区所在地与县之间、非毗邻县之间、毗邻县之间或者县境内的区域。

(3)客流条件:站点间的客流量大、客流稳定,受铁路影响较大,具备市场竞争的需求条件。

(4)发展特点:

①运行特点,主要为中长途客运,大多数行驶在高速公路、一二级公路等道路条件良好的路段,运行速度高;

②准入条件,许可制;

③运营模式,按照许可的线路、班次、站点运行,在规定的途经站点进站上下旅客,不能站外上客或者沿途揽客;

④票价,主要实行政府指导价,竞争充分的线路经价格、交通主管部门确定后可实行市场调节价;

⑤核载标准,车辆按座位数核定载客人数,严禁超载。

1.2.3 城乡客运

(1)定义:城乡客运是城市公交和班车客运的结合体,是指县内或者毗邻县区至少有一端在城市的公交化班线客运或城市公交的延伸,城乡客运是城市与农村之间重要的基本公共服务,公益性特征已逐步得到认可。

(2)开行范围:主要包括区县(自治县)境内或者毗邻区县(自治县)间运营线路属于城区至乡镇、城区至行政村的客运线路。

(3)客流条件:节点间或沿途客流均较大、客流较稳定,具备城市公交和班车客运的某些特点,初步具备市场竞争的需求条件。

(4)发展特点:

①运行特点,主要行驶于城郊道路或农村四级及以上等级公路,由于受到道路条件、地理条件等诸多限制,运行速度不高;

②准入条件,许可制;

③运营模式,参照城市公交运营;

④票价,主要实行政府指导价,竞争充分的线路经价格、交通主管部门确定后可实行市场调节价;

⑤核载标准,各地情况各异,根据实际情况,在条件允许的情况下可适当安排站位。

1.2.4 农村客运

(1)定义:农村客运原是班车客运的一种,是指县内或者毗邻县区至少有一端在乡(镇)、村的班线客运,农村客运是农村重要的基本公共服务,公益性特征已逐步得到认可。

(2)开行范围:主要包括区县(自治县)境内或者毗邻区县(自治县)间运营线路属于城区至乡镇、城区至行政村、乡镇至乡镇、乡镇至行政村,以及行政村至行政村的客运线路。

(3)客流条件:节点间或沿途客流均较小、客流不稳定,不太具备市场竞争的需求条件。

(4)发展特点:

①运行特点,主要行驶于四级及以上等级公路;由于受到道路条件、地理条件等诸多限制,运行速度不高;

②准入条件,许可制;

③运营模式:多采用区域经营、循环运行、设置临时发车点等灵活的方式运营;

④票价:各地情况各异,有政府定价,实行低票价的,也有的实行政府指导价,竞争充分的线路经价格、交通主管部门确定后可实行市场调节价;

⑤核载标准:车辆按座位数核定载客人数,严禁超载。

1.3 城乡道路客运一体化的内涵

1.3.1 城乡道路客运一体化的形成缘由

由于多年来城市和农村二元分割的管理体制各成体系、独立发展，直接导致城乡道路客运被分成城乡公交与道路客运两个体系，分属不同部门管理，以至于城市公交和道路客运在管理体制、机制、政策、法规和标准方面都不尽相同。随着社会生产力的发展和城市化的不断推进，社会经济活动开始超越城乡两个相对隔离的单元而相互渗透，城乡界限逐渐模糊，城市与农村逐步走向融合，特别是城乡道路建设的发展逐步走向一体化；城乡一体化对区域（市域或县域）内部节点间客流快速、便捷、安全的流动提出了更高的要求，进而城乡道路客运一体化的需求随之产生。

1.3.2 城乡道路客运一体化的实现条件

城乡道路客运一体化的实现有以下四个条件：

（1）城乡道路十分畅通；

（2）场站等配套基础设施较为完备；

（3）城乡道路客运网络体系高效运作；

（4）综合利用各种客运资源，效益与服务水平取得合理的平衡。

1.3.3 城乡道路客运一体化的实质和目的

城乡道路客运一体化并不是最终达到城市和农村交通运输完全一样、没有差别，而是将城乡道路客运作为一个整体和系统，注重两者之间的有效衔接，推动城乡交通协调发展，达到整体效益和效率最优化。城乡道路客运一体化的实质是城市公交与道路客运实行统一管理、合理分工、衔接有序、资源共享、融合发展的一种城乡道路客运体系，主要是指打破城乡道路客运二元结构，通过城乡道路客运诸元素的合理配置，将城乡道路、场站建设、客运网络、信息网、经营结构、车辆运行、管理体制机制等要素有机结合和统筹协调发展，实现旅客的有序流动和市场的高效运行，最终达到方便城乡居民出行、保障经济社会协调发展的目的。

1.3.4 城乡道路客运一体化的基本内涵

综上所述，结合城乡一体化以及城乡道路客运一体化的实践认识，提出城乡道路客运一体化的基本内涵如下：以推进城乡道路客运基本公共服务均等化为目标，以构建城乡一体的客运基础设施体系与客运服务保障体系为重点，促进道路客运资源在区域、城乡间的统筹合理配置，形成布局合理、衔接高效、通畅有序、经济可靠的城乡道路客运发展格局，从而为城乡居民提供安全、便捷、经济、高效的出行服务。

下面从四个层次进一步诠释城乡道路客运一体化的内涵。

(1)目标层次：城乡道路客运服务均等化是其终极目标。

推进城乡道路客运一体化最核心的是，要把“实现城乡道路客运服务均等化”作为城乡道路客运一体化的最终目标，围绕城乡道路客运服务供给与服务保障两个体系建设，以科学发展观为指导，因地制宜，扎实推进。强调城乡道路客运快速发展、协调发展、融合发展。通过统筹城乡道路客运协调发展，实现城市公共交通系统、农村客运系统与城际客运系统的协同化运营，将城乡道路客运服务网络从中心城市向边远农村延伸，基本覆盖到所有行政村；通过统筹城乡道路客运协调发展，完善城乡道路客运服务供给体系，使城乡道路客运服务的广度和深度逐步提升，服务质量显著改善；通过统筹城乡道路客运协调发展，培养健全城乡道路客运服务的保障体系，使城乡道路客运的政策、法律、规范、标准更加完善，市场监管更加有效，引导城乡道路客运逐步走上健康、可持续发展的道路。

城市公共交通系统的建设应以“方便快捷、文明规范、诚信可靠、保障有力”为发展目标，坚决贯彻落实“公交优先”的发展理念，坚持政府主导、普遍服务的基本原则，不同规模的城市，应综合城市自身的特点，选择适宜的城市公共交通发展模式，并建立衔接农村客运系统与城际客运系统的城市公交换乘枢纽体系。

农村客运系统的建设应以“覆盖全面、运行稳定、安全规范、经济便捷”为目标，按照“城乡均等、模式多样”的发展理念，把发展农村客运当成一项公益性事业，在财政补贴、客票定价、市场监管等方面，采取与城市公交同等的保障措施，结合各地农村交通区位、地理环境与个性化出行需求特点，因地制宜，提供各具特色的农村道路客运普遍服务。

城际客运系统的建设应以“管理规范、服务优质、衔接顺畅、方便灵活”为目标，综合发挥城际轨道交通大容量、速度快、舒适度高的特点，以及中长途道路客运“门到门”服务的优势，在中心镇建成等级客运站，做好与城市客运系统及农村客运系统的无缝衔接。

(2)方法层次:将城乡道路客运作为一个整体进行统筹、协调与发展。

统筹城乡道路客运协调发展,就是根据国家统筹城乡一体化发展的战略要求,将城乡道路客运作为一个整体考虑。在政策与法律层面,强调要统筹城乡道路客运的发展规划、法规政策、标准规范等,缩小城乡道路客运规制差距,形成以城带乡的发展格局;在行业规划调控层面,强调城乡道路客运之间布局相互协调、功能相互依赖、服务相互衔接、资源相互共享等;在市场管理层面,加强城市客运与道路班车客运的协同准入,优化运力资源配置,促进服务功能互补,发挥整体优势,提高组合效率。

(3)策略层次:重点破解城乡道路客运市场历史遗留的发展瓶颈问题。

我国各地城市传统的城市客运市场与道路客运市场发展过程中,自身都普遍存在着一些共性的矛盾与问题,随着城乡一体化进程的加快,两个市场之间的矛盾与冲突日益激化。统筹城乡道路客运的协调发展的策略,就是要对两个市场各自存在的问题以及统筹发展中存在的问题,进行认真梳理、分析与评估,选择若干个根源性的也是对统筹城乡道路客运协调发展制约最大的核心问题,集中精力解决、创新思路解决,起到破解一个问题,理顺多条关系的效果,加快城乡道路客运统筹发展的步伐。

(4)内容层次:主要应具备法规标准、管理政策、规划建设三个"一体化"。

城乡道路客运一体化包含众多内容,但主要应具备法规标准一体化、管理政策一体化、规划建设一体化这三个基本内容。

法规标准一体化指打破城乡交通运输法规、部门规章以及标准、规范的二元结构,消除城乡道路客运一体化的法规与标准方面的障碍,从国家、地方政府层面构建不同层次的法规与标准体系,规范城乡道路客运市场环境和经营行为,为实现城乡道路客运一体化提供良好的法制环境,依法推进城乡道路客运一体化进程。

管理政策一体化指建设开放、公平、高效、有序的运输市场环境,建立统一的市场准入、监管与退出机制、道路客运公共服务考核机制、产业发展政策、产业扶持政策等,突破传统体制和城乡区划造成的城乡运输市场分割和壁垒,发挥政府在推进城乡道路客运一体化中的主导作用及市场配置运输资源的基础性作用,促进优质资源的合理流动和有效配置,使城市区域内的道路客运企业有序竞争,共赢发展,促进城乡道路客运的协调、统筹发展。

规划建设一体化主要指将原来分属不同部门管理的各种场站设施、经营线路、运力与人力资源等充分利用和有效整合起来,构建协调一致的道路、场站、候车及换乘设施，做到规划、设计、建设、运营协调一致，实现城市交通与公路交通的无缝过渡，推动城乡道路客运资源的统筹规划与合理建设，提高各种交通基础设施资源利用效率，最大限度地发挥城乡交通基础设施的整体效能。

1.4 城乡道路客运一体化的特征

根据《一体化意见》中所述，城乡一体化的客运网络服务体系由城际、城市、城乡、镇村四级网络构成，主要包括城际客运系统、城市客运系统和农村客运系统三类系统。城乡道路客运一体化的特征体现在五个方面。

一是"路"与"站"的统筹发展，也就是通常所说的实现"城乡交通基础设施一体化"。这项工作，在道路网络方面，我国中东部地区大多已经做到位，西部地区也取得显著成效；但在场站的衔接配套方面，仍然有较大欠缺。

二是运营服务的衔接整合，即城市公交的"线"与农村客运的"线"在运力配置、服务时间、班次安排等方面要衔接配套，推进"城乡道路客运运输组织一体化"。这是城乡道路客运一体化最实质的内容，在这方面目前全国各地的重视度还不够。

三是公益性的定价机制。城乡道路客运服务均等化不是城乡采取绝对一样的票价，而是强调城乡道路客运服务均采用公益性服务的定价原则，既要让农村群众能够像城市居民一样从基本公共服务中享受到真正的实惠，在政府财政能力可承受的条件下，给经营企业留有合理的经营利润。

四是统一的普遍服务标准。统一城乡道路客运服务标准的本质，是指农村群众能够与城市居民一样，大多数的出行需求属于普遍服务范畴，都应有一种与该出行需求相适应的客运服务供给方式给予满足。因地制宜，采取个性化、多样化的农村客运组织形式，按照普遍公共服务的要求，建立农村客运与城市公交统一的服务标准。

五是强有力的服务保障体系。城乡道路客运具有明显的公益性特点，一个一体化的城乡道路客运体系必然需要政府在规划、政策、资金、监管等方面给予强力的支持，可以提炼为"实现三个一致"，即：城市公交与农村客运的公益性服务地位认定一致，城市与农村客运的财政补贴与政策扶持标准一致，城市与农村客运的服务质量监管要求一致。

第 2 章　国内外城乡道路客运一体化发展实践

本章对国外典型国家城乡道路客运一体化发展模式、保障制度以及相关研究情况进行了系统阐述，并从我国城乡道路客运的发展历程、现状特征、实践经验等方面，剖析了我国城乡道路客运一体化发展存在的主要问题。

2.1　国外城乡道路客运发展状况

2.1.1　国外城乡道路客运发展模式

19 世纪中叶后，随着主要发达国家工业革命的相继完成，加之各国政府对农业保护性政策的实施，使农业生产和农村生活条件大大改善。到 20 世纪 70 年代，主要发达国家完成了工业化、城市化和农业现代化进程，城乡之间的差距缩小。目前，发达国家和地区已经进入后现代社会，出现了逆城市化进程，大量城市人口向郊区和小城镇迁移，农村经济在城镇化、工业化的同时实现农业现代化，城乡差别已相对缩小，几乎不存在所谓的二元结构问题，当前发达国家城乡客运更多的是城际间以及城乡间的公共交通。

国外郊区客运主要分为多种形式：小汽车交通、轨道交通加小汽车交通、快速公交加常规公交的集中交通模式。根据机动车拥有率和农村地区人口密度，将发达国家农村地区的出行方式进行分类：人口密度趋于饱和且机动车拥有率高的地区，仍然为无车者、贫苦者、年轻人、残疾人提供完善的公共交通服务，如西欧、日本等；人口密度相对较高但机动车拥有率相对较低的地区，主要依靠公共交通实现农村地区长距离出行，如英国等；人口密度低、长距离出行主要靠私家车的地区，公共交通服务较弱，如美国、加拿大、澳大利亚、新西兰等。

一些国家在城市发展中，大多城市规划直接通过交通干道连接市郊地区，吸引市民去居住，从而形成新型的城市郊区或卫星城镇，依据国土利用与城镇体系规划、城市总体规划，对交通基础设施也进行同步或先导性的规划建设。

2.1.1.1　美国客运发展模式

美国将人口少于5万的区域归为乡村。由于历史、经济及社会等原因，欧美等西方国家具有非常高的家庭小汽车拥有率，而美国家庭小汽车拥有率还要高于欧洲，其中农村地区普遍高于全国平均水平。

1970年到1985年间，美国政府和学术界对农村地区旅客运输及其可达性问题的研究进入一个顶峰时期。小汽车拥有量的快速增长，使政府及学术界认为乡村交通问题会随着非常高的汽车拥有率而消失。20世纪80年代，美国对公交巴士实行放松管制的政策，导致客运线路经营冷热明显，巴士服务几乎退出效益低的农村地区，对农村公共交通带来很大的负面影响，期间学者主要是通过详细分析地方案例研究放松巴士管制对农村地区的影响；20世纪90年代后，农村人口数量快速增大，运输供给与需求的矛盾使得乡村交通问题更加突显；到2002年，美国近40%的农村地区完全没有公共交通运输，28%的地区仅有极少的公交服务，乡村交通问题及乡村公共交通开始得到政府及学者重视。学术界更加关注农村公共交通运输方式对社会、经济、人文关怀方面的重要性及农村公共交通运输的实现方式，着手相关运输理论研究，政府和社会组织通过资金、技术援助等积极措施改善乡村居民公交出行环境，并提倡为农村地区提供方便、灵活、高效的公共交通运输，以便服务于生活在农村地区的老人、残疾人等弱势群体。虽然政府通过鼓励拼车等措施解决部分居民出行问题，但由于乡村地区人口密度小、平均出行距离长，这些地区生活的老年人、残疾人士、未到开车年龄的孩子以及无汽车的低收入家庭等弱势群体上学、上班等出行的方便性、灵活性及可达性受到极大限制。

由于公共交通运输可以促进非城市地区经济效率提高、增强社会公平性，在2005年之后，美国有近60%的农村地区开始有公共交通，共有约1200个公共交通系统，许多系统是在第5311号联邦运输法规的框架及资助下建成运营。运营主体60%为政府，35%为非营利机构，仅5%是私人公司及其他性质的实体。许多地区和专家开始探讨农村公共交通结合城市公交的管理、运营模式、技术路线等方面，提高农村运输服务水平。

美国乡镇公共客运系统的主管部门为联邦公交管理局（FTA）和联邦公路局（FHWA）。虽然仅在若干中心城镇存在农村客运服务，美国政府仍然为城乡客运的发展制订了完善的规划体系及保障措施。乡镇公共客运规划主要分为三级规划体系：战略及策略规划、功能规划和线路设计。每一级规划都同相应的交通实施机构相协调，以确保规划切实可行。各级规划中，战略及策略规划主要从公交服务于土地利用的角度决定应选用的公交服务类型；功能规划确定了包括客流走廊、预测的线路服务水平、车辆大小、车辆载客量、服务时间、主要换乘点和特定服务点线路的详细信息。而路线设计主要针对关于线路的详细信息，如中途停靠站点、车辆和劳工分配、客流枢纽、公交时刻表及驾驶员信息等，以保障乡镇公共客运的正常运营。

美国交通部门分配 5311 法案规定的给公交经营者的财政补助。在实践中，41 个州的经营者需要提前申请，根据绩效评定标准排名情况分配款项，其余 9 个州按公式奖励补贴。各州对农村运输服务目标非常相似，但是批予不同经营者的款项数额明显的不同。为了使公交经营者更好地服务，各州考虑采用同一种分配程序，用均衡每人次补贴为基础的公式来分配资金。该资金分配公式考虑经营者服务区域的人口数、村庄数、乘客量、税收服务英里数以及所有经营者所能接受的最低分配数参数，各参数根据各州的实际情况获取。例如，针对农村低人口密度地区的公交需求预测，华盛顿交通管理部门使用的三个离散公交需求预测模型。第一种模型，总运输需求 – 全部模型（TTD – All），用平均值预测客流的方法来预测华盛顿州四个区域运输系统人口群的客流。第二种模型，总运输需求 – 收费模型（TTD – fare），通过考虑收费运输系统的乘客情况、票价补贴情况对客运量的影响，建立收费模型。第三种模型，分类运输需求模型（DTD）是用分开独立的公式来反映各县不同的特征，将客流分为未成年人、成年人、贫困线以下的成年人、老年人、行动受限的人，分别预测客流，反映一个地区的个人特征和地区的农村运输方式。

美国还提出了多县联合组织区域农村客运线路的方法，分别从组织和体制、资金、管理、运行策略四个方面组织和提出方案建议。从组织和体制方面，国家交通部继续向联邦和州提供补助金，另外增加的资金可用于区域交通系统；或者国家交通部利用交通运输系统中的关键变化，以鼓励这些系统进行与一个或多个毗邻过境系统的整个过程，另外统一服务机构的程序。在资金方面，提供过渡资金，保障系统融合所需的规划、行政和营运资金；其次为多县联运的系统提供资金奖励，保障系统融合方案的资金。在管理方面，调整公共运输司的结构，建议雇佣或训练区域协调员。在运营方面，提供运行训练和技术支持，同时根据各县情况合理选择分布式或集中式运营模式。

为估计农村公交服务商的服务水平，美国提出了基于区域社会经济条件和内部经营数据的适用性指数（Serviceability index，SI），评价运营机构绩效，选用指标包括运输所达区域的比例、每英里的乘客数、潜在客流需求的比例和现有的覆盖范围、60 岁及以上年龄乘客比例、行政支出占总运营支出的比例、车辆的平均使用时间。

2.1.1.2　英国客运发展模式

英国各大城市的郊区客运主要依靠国铁运输，并辅以小汽车或公共汽车，形成多方式一体化综合交通运输体系。以伦敦为例，市域通勤交通主要依靠放射状长支线的国铁。郊区的市域铁路（国铁）全长 788km，与地铁线路共同形成一个高密度的轨道交通线网，国铁承担郊区大量的长距离通勤出行。在地铁、轻轨交通及郊区铁路等轨道交通承担大量郊区客流的同时，小汽车交通也承担了不少的客流。伦敦郊区的空间较为广阔，同时道路系统也十分发达，为发展小汽车交通提供广阔的空间。伦敦城市中心区采用收取高额的拥挤费政策，使得小汽车交通主要在郊区使用。

2.1.1.3　日本客运发展模式

日本在半个多世纪的时间里，从初期较大的城乡差距，发展到中期的城乡一体化，再到如今的更高层次的追求农村生活魅力、谋求可持续发展，充分展示了日本经济社会发展的过程。日本选择高度集中的城市化战略，促进了城市化的快速发展，且十分注重城乡的协调发展。城市功能的设置不再限定在城市内，而是把周围农村也包括在内，呈放射状形态。城市里的商业和娱乐业的设置空间和建设规模是严格按照辐射圈的大小合理建设的。日本农村发展并没有走单一的城镇化道路，而是通过比较优势，实现城乡一体化，使农村融入现代社会。随着农村城镇设施条件的完善，城乡逐渐成为混居化的社区，农业不再是农村的支柱产业，农村已融入城市之中。

以日本中京都市圈的交通为例，中京都市圈以爱知县为主体，包括岐阜县南部地区和三重县东北地区，是日本第三大都市圈。与日本东京、京阪神两大都市圈一样，以名古屋市为中心城市的交通圈拥有发达的轨道交通网络，市区铁路、市域私营铁路、城际国铁通过线路公轨、换乘枢纽站衔接构成了合成式的轨道交通体系。尽管拥有地铁、私营铁路和国铁等构成的发达的轨道交通系统，公共交通的使用主要是名古屋市区，其他地区的公共交通出行不到 20%，其中轨道出行占不到 15%，这也反映出中心城以外都市圈其他地区之间的出行主要是小汽车。

2.1.1.4　德国客运交通模式

德国是最早实行区域客运一体化的国家之一，1965 年由公共短途客运公司参加的汉堡交通联盟成立，汉堡地区的乘客可以非常方便地到达交通联盟覆盖的区域。目前，德国共有 57 个城市公共交通联盟，还有 3 个在计划中。其中，莱茵－鲁尔交通联盟的规模属欧洲最大，它由 24 个城市和地区参加，28 家单位联合经营，服务范围 5000km^2、居民 730 万，有 800 条公共汽车和火车运行线路，11000 个车站，每天投入运营的公共汽车和列车 5300 辆，日客运量 4000 万人次。

2.1.1.5　澳大利亚客运发展模式

为了满足乡村地区人们出行的需要，南澳大利亚州的旅客运输委员会（Passenger Transport Board）与当地社区合作，执行区域客运一体化计划，以运输资源、服务满足区域居民出行需求为要点来运行。该计划强调地区参与，一体化过程包括：确认出行需求与所需的运输资源、服务；确认现有的客运资源与能提供的服务；以满足需求为基础，整合与优化资源配置；由当地的客运管理委员会对运行现状进行即时评价，并提出相应对策进行调整。

南澳大利亚州推行客运一体化计划的主要经验有以下几方面。

（1）广泛参与。

一体化运输计划的成功来自于满足了地区居民的出行需求，他们不但看到了主要问题而且提供了相关服务。这一个模式的出发点是人们的需求，然后设计服务以满足那些需求。通过政府和地区各部门对各种服务运输进行调节，使各种资源得以充分利用。

（2）强调地方的所有权和领导权。

由于能使地方受益，各地的地方议会都坚决支持该项计划。同时为确定继续展开服务来适应不断改变的社会需求，和地方的继续合作也是重要的。根据传统的运输规划模式，区域的真实出行需求不一定与出行供给相平衡，而在地方所有和地方领导的模式下，当地人们的出行需求可以得到很好的满足。

（3）从提供运输工具到提供服务的转变。

不能仅着眼于运输工具的提供，更为重要的是确定人们需要什么服务以及如何更好地去提供他们。

（4）整合不同的需求和资源进入一个可行的服务体系。

通过对整个区域实行客运一体化，能够更有效地向居民提供客运服务。

此外，还能满足某些以前不能实现的客运需求。

(5)服务的扩展。

经营者可以用一种交通工具有效地提供综合服务，特别是某些能提供租车服务的机构，这将使这个地区受益，同时也能增加经营者的收益。

目前，南澳大利亚州已形成了方便、快捷的综合客运系统，其模式已开始向澳大利亚其他地区进行推广。

2.1.1.6 巴西客运发展模式

巴西库里蒂巴市目前已形成了较为完善的一体化综合公共交通系统，将不同公共汽车线路在物理上和运营上统一为一个网络。物理上的结合，即将不同的公共汽车线路通过换乘站连接在一起，乘客可以在不同的线路间进行方便的换乘。运营上的结合则是基于单一的收费系统，它允许乘客向各个方向免费换乘，而不论旅程的长短。库里蒂巴综合公共交通系统中，根据线路所能提供的服务特征分为快速线、驳运线、区际线等。

快速线(Red Bus)即在专用车道上运行的线路，其特点是专线专用，无交通冲突，运营速度20km/h以上，平均间隔4km与其他线路进行换乘。

驳运线(Orange Bus)即使用传统公共汽车运营的线路，将临近地区与一体化交通系统的终点站连接。

区际线(Green Bus)即环线线路，连接外围地区，不需要穿越市中心的双向线路。

库里蒂巴综合公共交通系统内共设有：即管式车站、大型公交站和传统车站等三类车站。即管式车站最大优势是可大大加快乘客的上下车速度，此外还使乘客免受气候条件的影响，同时水平登车设计和进站口自动升降装置，使老年人和残疾人能够方便地出行。大型公交站多位于综合公共交通网络的轴线上，可分为中转式的大型公交站和终端式的大型公交站。通过大量基础设施的优化设计和配建，使乘客可以实现方便的换乘。该市沿公交专用道线路建成了15个一体化枢纽站，实现快速线、驳运线和区际线间票价的一体化。随着公交网络的不断建设与发展，枢纽站的数量、规模、服务质量等都在不断完善。库里蒂巴综合公交系统之所以能取得如此成功，除了系统因其本身固有的特性而具有吸引力之外，以下几个因素也在库里蒂巴系统的发展过程中起了举足轻重的作用。

(1)一体化的交通规划与城市土地利用规划。

库里蒂巴城市规划的制定，充分考虑了土地使用强度与已有城市结构相匹配的原则，其目标是调整小区划分和土地使用以使交通需求适应经济社会和城市的发展。同时，为了使每个小区都具有相当的可达性，城市的道路网络系统也是分层次建立的，这就意味着网络中每条道路的功能、特征和容量都根据其位置和重要性在一定程度上被确定了。

(2)成功的运营管理机制。

公共交通管理机构的自治权利、公私结合的举措、运营与票制系统的分离都是运营管理成功的有效机制。

(3)灵活的建设措施。

由于库里蒂巴的公共交通系统采用可在普通路面行驶的公交车辆，因此可以分批分阶段的建设实施公交网络。在技术和资金能够提供支持的情况下，也可以根据需求升级系统中的不同部分。

分批分阶段的建设实施过程，也便于在使用过程中通过不断的监测，确定公交网络规划中的问题，从而在以后的规划建设过程中不断对原有方案进行修正，形成完善的反馈过程，避免大型公共设施一次性决策失误而可能造成的巨大损失。

2.1.2　国外道路客运保障制度

(1)法律法规制定。

美国道路客运立法主要方针是资助公共交通，优化交通结构。自 20 世纪 60 年代以来，美国政府先后通过了《城市公共交通法》《城市公共交通扶持法》《综合地面交通效率法》《国家能源政策法》以及《21 世纪交通平衡法》等法规，公交投资和道路客运交通运输结构调整政策得到了良好的回报，公共交通的客运人次已经开始回升，全国很多地区正投资建造新的公共交通项目、智能交通系统和高满载率车辆的专用道。美国 5531 法案规定各级政府都必须为其发展提供财政援助，以保证美国农村公共客运的正常运行。公共交通不仅使消费者受益，而且在缓解交通拥挤、发展经济和清洁空气等方面贡献更大。

法国道路客运立法的主要方针：实施交通规划，优先发展公共交通。法国政府坚持优先发展公共交通的政策。1995 年至 2001 年间，法国政府相继颁布了一系列与公共交通相关的法律，其中最重要的法规是《空气清洁法》和《国家城市振兴协作法》，充分体现了政府在优先发展公共交通方面的政策导向作用。

德国道路客运立法的主要方针：资助城市市郊客运公共交通。联邦政府立法目标就是组织和资助公共市郊客运，使之能够安全、迅速、有效地完成公共市郊客运任务。1971 年德国颁布了《客运交通经济法》。1979 年又在该法的基础上颁布了《公共客运法》。在德国，公共市郊客运被视为现代城市规划中不可缺少的一个组成部分。城市规划的基本原则强调，在所有地区，与交通密切相关的开发和交通服务必须同争取达到的发展目标相协调。此外，改善交通状况被看作是在人口密集地区达到城市规划目标的手段。公共市郊客运基础设施的规划同区域规划、地方规划以及城市建设联系密切，公共市郊客运基础设施的建设会受到联邦政府和各个州政府的资助，公共市郊客运的税收也可以减免，当公共市郊客运在执行公共管理方面的任务导致经营亏损时，可以得到部分经济补偿。

（2）财政补贴政策。

国外对公共交通的财政补贴分为直接补贴和间接补贴，对公交的扶植主要体现在直接的财政补贴上，即从国家财政或征收的税金里拿出一定的比例用于弥补公交企业经营的亏损及进行公交基础设施的建设。

美国是通过立法的手段来对公共交通进行补贴，《城市公共交通法》《城市公共交通扶持法》以及《21 世纪交通平衡法》都是确保公共交通财政补贴的法律依据。美国对公共交通补贴的最大比率能达到公交运营成本的 70%。

法国中央和地方政府一贯高度重视公共交通的发展，把公共交通的发展摆在优先发展的重要战略位置上，并作为长期不变的目标用法律形式予以保证。1982 年法国颁布的《国家内部交通组织方针法》提出了“人人都有交通的权利”，交通权的提出明确了公共交通作为社会公益服务的根本属性。根据法国公共交通法建立的公共交通税，规定 9 人以上企业须按工资总额提取 1.2% ~2% 的公共交通税，从而保证公共交通发展有可靠的资金来源。巴黎市区交通税率为 2.4%，交通税征收后，由巴黎交通管理委员会每月分配给公交总公司、国铁等交通企业。交通税是巴黎公交总公司弥补亏损的重要来源。除对企业征收公共交通税以外，法国政府还规定企业要支付员工公共交通黄票（类似月票）成本票价的一半。由于以上政策，公交公司每年的实际亏损都得到政府的足额补贴。

德国 1971 年颁布了《客运交通经济法》，1979 年又在该法的基础上颁布了《公共客运法》，规定经营者采用有轨电车、无轨电车或公共汽车在固定的线路或临时线路从事公交运营必须得到批准；公交企业扩大规模、进行基本建设改造时必须持有政府交通主管部门颁发的某一地区交通运输经营批准令，经营者或委托经营者必须有经营能力并能保障经营安全；必须具有充分的可靠性（无任何不良及违法行为）；申请者和经营此项业务的人员必须具有专业知识和专业技能，同时还需要通过道路客运交通部门考核验证；车辆和设施必须符合安全条件；经营者有效期内以符合公共交通利益和技术的方式经营。

库里蒂巴市政府规定对年满 65 岁以上的老人和 5 岁以下的小孩乘坐公共交通工具可以不购买车票。对有工资收入的库里蒂巴市市民，如果花费在公共交通上的费用超过可支配收入的 6%，其超过部分由政府补贴。对于住在穷人区的穷人，可以用清扫垃圾来换取公共汽车车票。最常用的票价媒质是预付费的票卡，这种预付费的票卡不打折。

2.1.3 国外道路客运相关研究

一些发达国家在基本完成道路网络的基础设施建设之后，随着城市交通拥堵现象的不断升级以及乡村地区人们出行困难等问题的出现，对城乡客运一体化、农村道路客运发展以及城乡发展与交通的关系等方面的系统研究开始兴起，到目前为止有些方面已形成了相对成熟的理论体系和实践。

近 30 年来，美国乡村人口增长很快，都市人口也在增长。由于人们要租到比较便宜的房子，只能把目标定在郊区或者农村，从而影响城乡交通流向以及模式。因此在 21 世纪初，美国学者 Peter Calthorpe 提出了“公共交通社区”的概念，主张在城市边缘或郊区的居民相对聚集点的土地利用中，恢复便于公共交通服务的形态，在这里促成城乡客运一体化。同时这种做法还能使这种用地形态反过来引导客流密集的建设用地进一步集中在公交车站周围，从而培育新的公共交通社区，这就是公交导向发展模式（Transit - Oriented Development，TOD）。

欧洲、日本则采取严格的规划控制，使城乡发展呈现出与公共交通系统互为依存的良性循环状态。比如英国综合运输委员会（Commission for integrated transport）提出要关切不同社会群体的需求、公平、分配和社会排斥问题，通过各种模式，优先发展区域交通投资和管理，着重提高公共交通的可达性，形成城乡、区域客运交通一体化。英国学者 Richard Iles（2005）通过调查研究认为：许多发达国家在车辆保有量增加的情况下也面临过农村客运服务下降的问题，它们采取补救的方法是为最基本的农村客运提供补贴，或者引入以需求为导向(随叫随到)的服务,这种服务通常也基本依靠地方政府提供的补贴。英国学者 AngelaHull(2005)提出注重不同客运模式的一体化,同时还应在不同交通方式的票价、时间表、票务和体制之间也要实现一体化。May(1991)在研究伦敦等地的城乡客运问题后指出:一体化就是一种通过对基础设施、既有设备的管理以及基础设施的价格等因素的协调来解决交通问题的方法。Kiriazids · T(1994)则将区域公共交通分大中小城市间公共交通和县域范围内公共交通,他认为区域间的公共交通合作应以市场化运作为导向,而对县域范围内公共交通政府需要给予补助,对公交公司的补助则按县域规模、人口数量等进行分摊。塞尔维亚学者(2005)将交通系统一体化定义了一个 JGPP 系统来提高城乡交通系统质量。JGPP 系统内包括:路线、站(包括中转站)和时间表。时间表和时间间隔是一个成功的交通系统的一个关键因素,尤其是在旅客换乘和过境交通上。JGPP 系统用道路、时间、价格作为评价标准,实现对象的一体化,即城市和乡村交通网络整合的主要目标是合理组织交通,提高城市和乡村的交通网络的质量,并在特定的区域增加交通的可达性来达到一个更高质量的运输。

不同的发展历程及发展背景造就了城乡客运发展模式不一,发达国家城乡道路客运的发展模式对中国农村并不一定能适用。由于发达国家基本不存在城乡二元结构,他们所说的城乡道路客运往往被纳入到区域交通、城市公交、社区公交的大范畴来考虑,城乡道路客运内涵并不是很明确。

2.2 国内城乡道路客运一体化发展实践

2.2.1 我国城乡道路客运发展历程

我国城乡道路客运发展可以划分为缓慢发展、快速发展、一体化发展初级阶段三个阶段。

(1)缓慢发展阶段(1949 ~ 1982)。

新中国成立初,我国交通运输发展极为落后,经历了五六十年代初到七十年代末的恢复性发展,城乡公路基础设施得到了一定程度的提高。城乡间客运主要是由县(市)城到达乡镇的运输,旅客运输量不大,班次较少,服务主要目标是能够走得了,在严格的计划经济体制下,建立客运运输企业、购置车辆或增加运力,都要经过各级计划部门立项批准,由相应的财政部门解决资金供给，客运市场基本是高度集权体制下的行政垄断或“行政命令”。客运管理体制实行城市之间和乡村道路运输由交通部门管理；大中城市公共交通由城建部门管理的城乡二元管理体制。

(2)快速发展阶段(1982～2003)。

十一届三中全会后全国经济步入持续、快速发展轨道，“要想富、先修路”逐步为全社会所认识接受，随着国家经济实力增强，城乡公路建设速度逐步加快，公路技术等级逐步提高，为城乡旅客运输奠定了一定基础。这一阶段运输需求旺盛，旅客运输由20世纪80年的“全面紧张”到90年的“初步缓解”。

1982年，国家经贸委和交通部为缓解交通紧张局面，联合发表声明，实行“有路大家跑车，有水大家行船”“国营、集体、个体一起上”的开放政策，大批的集体、个体客运业户涌入城乡旅客运输市场，基本形成“国营、集体、个体”三分天下的格局，市场竞争在旅客运输行业资源配置的基础作用开始发挥，特别是随着社会主义市场经济体制不断建立完善，城乡道路客运市场发生了诸多变化，多种灵活机动的经营组织管理方式，顺应了经济快速增长下城市与乡村间运输需求，也促进国有客运企业改变其呆板的经营组织管理方式。城乡旅客运输框架体系基本建立。

但是，从20世纪90年代中后期到21世纪初的几年，随着我国城市和乡村人民生活水平的不断改善，城市化进程不断加速，城乡交往不断深入，人员往来不断增加，需求呈现多层次、多类型重叠交织并存状态。这种变化使城乡旅客运输分割所产生的弊端逐步显现，主要表现为：城乡道路客运基础设施不能满足城乡道路客运一体化要求；“二元”管理体制制约一体化运输发展；财政、税费等政策不一，造成经营环境不公平等。随着城市的不断扩大，城乡道路客运一体化的问题越来越严峻。

(3)一体化发展初级阶段(2003至今)。

在十六大“统筹城乡发展”的思想指导下，城乡一体化和城乡道路客运提到一个崭新的高度。党中央、国务院重视解决“农村、农业、农民”问题，交通部门加大了对农村公路、站场和运输服务的扶持力度，积极探索发展好农村客运政策、措施和有效途径。在一系列政策引导下，城乡道路客运统筹发展得到了一定程度的促进，北京、上海、成都、嘉兴等城市率先开展城乡旅客运输一体化的尝试，取得了较好的效果，使当地城乡居民享受到同等旅客运输服务，提高了服务水平。

2008年开始实行“大部制”改革，成立交通运输部，将原建设部城市旅客运输行业管理职责划入了交通运输部，从而使城乡旅客运输管理体制在中央政府的管理层面上形成统一，为全国理顺城乡管理体制奠定了基础。

2.2.2 我国城乡道路客运发展现状特征

近年来，城乡道路客运工作以科学发展观为指导，大力推进发展方式转变，积极探索又好又快发展的新路径，为统筹城乡发展，促进城乡经济社会一体化进程做出了重大贡献。通过积极探索和不断努力，初步实现了城乡道路客运车辆“开得通、留得住”，基本满足了城乡群众“走得了、走得好”的需求。主要现状体现在以下几个方面。

（1）基础设施条件。

近几年是我国农村公路发展史上完成投资最多、建设速度最快、发展质量最好、发展成效最大的一个时期。各级交通运输主管部门深入贯彻落实科学发展观，按照党中央、国务院决策部署，全力推进交通基础设施的快速发展，国务院确定的道路、站场等建设目标任务全面完成。截至2015年，全国农村公路（含县道、乡道、村道）里程398.06万km，比上年末增加9.90万km，其中村道231.31万km，增加8.85万km。全国通公路的乡（镇）占全国乡（镇）总数的99.99%，其中通硬化路面的乡（镇）占全国乡（镇）总数的98.62%、比上年末提高0.53个百分点；通公路的建制村占全国建制村总数的99.82%，其中通硬化路面的建制村占全国建制村总数的94.45%、提高2.68个百分点。

（2）农村运输条件。

农村客运网络化建设稳步推进。“十二五”期间，发放农村客运燃油补贴209.2亿元，开通农村客运班线8.8万条，乡镇、建制村通班车率进一步提高，农村客运公交化和城乡道路客运一体化进程明显加快。2014年农村客运车辆达35.7万辆，全年完成农村客运量79.5亿人，占道路运输完成客运量的26%。道路运输已成为支撑城乡经济社会一体化发展的重要纽带，农村地区“出行难”问题有了根本缓解。随着机动车维修、机动车驾驶员培训等运输辅助服务业在城乡道路客运业中的全面发展，城乡道路客运的综合服务能力显著增强。

（3）运营结构。

客运企业进一步向大型化、规模化方向发展。2015年与2010年相比，班车客运经营业户数下降38%，户均车辆数增长77%；企业专业化程度有所提高，普通运输业户的比例不断下降。营运车辆逐步向大型化、专业化和高级化方向发展，客车平均座位、中高级客车比例稳步增加。城市公交延伸化、农村客运公交化等运输组织方式快速发展。

（4）安全管理工作。

各级交通运输部门始终把安全生产管理摆在城乡道路客运工作的突出位置，全面加强“三关一监督”的监管职责，安全管理制度不断完善，安全专项整治取得新的成效。安全管理科技水平不断提升，车载卫星定位系统安装率稳步提高，全国重点营运车辆联网联控系统建设初见成效。安全源头管理进一步强化，客运站安全管理体系不断完善，对营运驾驶员的安全监管全面加强。城乡道路客运重特大事故稳步下降，城乡道路客运安全生产形势总体上稳定好转。

（5）科技及信息化水平。

客运信息化建设工作主要有：先后开展了三批部省道路运输信息系统联网工作，运政管理信息系统、营运车辆联网联控系统建设全面推进；区域性公众出行信息平台、区域性客运联网售票系统建设以及 IC 卡道路运输电子证件的应用试点稳步推进，道路运输信息化标准规范体系不断完善。客运信息化建设对于提升城乡道路客运运输效率和服务品质、保障运输安全、提升政府公共服务能力等方面发挥着越来越重要的作用。

2.2.3 我国城乡道路客运一体化实践经验总结

为了更好地了解地方城乡道路客运一体化的现状，借鉴城乡道路客运发展的成功经验，总结出较集中的三种城乡道路客运一体化发展状态。

2.2.3.1 城乡一体化发展水平处于较高发展阶段的东部地区

在发展水平较高的我国部分东部地区，在政府指导下，通过整体统筹，打破了城乡二元运输格局，基本实现城区和农村客运的无差别化运行，重点发展目标是要实现以下 6 个方面的一体化。

（1）场站布局一体化：即按照便捷换乘的要求，对城市和农村的客运场站进行统筹布局。

（2）线路网络一体化：即按照线路走向方便出行的要求，对区域线路网络的未来发展进行统筹。

（3）运行管理一体化：①统筹运行区域，即对城市和农村进行区域化的统筹布局、统筹规划、统筹运行，实现一元化发展；②统筹经营主体，即由一家或几家道路客运的运营企业统筹经营整个区域，实行全面的集约化经营、企业化管理。

(4)服务水平一体化:即对城市和农村道路客运实行统一的服务标准与运行规范,将考评服务质量与进行财政补贴挂钩。

(5)财政政策一体化:即指统筹财政补贴,统筹城乡票价,对城市和农村公交实行均等、统一的财政补贴政策。

(6)技术装备一体化:即指统筹技术装备,对城市和农村车辆实行统一的配备标准,使信息通过统一的信息服务平台进行采集和发布。

2.2.3.2 城乡一体化发展水平处于一般发展阶段的中部地区

处于一般发展阶段的中部地区,一般在区域内构建城区和农村两层客运网络,二者相互衔接、相互渗透,实现城中有农、农中有城的客运网络体系。城市和农村客运主要目标是实现"四个一体化"和"两个区别化":场站布局一体化、线路网络一体化、服务水平一体化、技术装备一体化;运行管理区别化、财政政策区别化。

2.2.3.3 城乡一体化改造仍处于探索和试点阶段的西部地区

仍处于探索和试点阶段的西部地区,客运服务水平较低,一般在区域内形成城区、城区至乡镇、乡镇至建制村的三级客运网络,其中"一级网络"即城区网络,由政府主导,按公益性、低票价、公交化政策运营;"二级网络"即城区至乡镇网络,采用市场化主导,按"区域经营、冷热捆绑、公车公营、换乘衔接"的模式运营;"三级网络"即乡镇至建制村网络,采用因地制宜、灵活运营、封闭管理的区域性小巴士运营模式。城市、乡镇和建制村客运主要目标是实现"两个一体化"和"四个区别化":场站布局一体化、线路网络一体化;运营管理区别化、服务水平区别化、财政政策区别化、技术装备区别化。

2.2.4 我国城乡道路客运一体化发展的主要问题

2.2.4.1 城乡道路客运发展相对滞后

(1)城市客运总体水平不高。

尽管近年来我国城市公交发展取得了巨大的成绩,但是城市公交发展落后的局面没有根本改变。从城市公交的分担率来看,全国仅有 36 个中心城市公交出行分担率平均达到 20%,中小城市公交分担率平均还不到 10%,与欧洲、日本、南美等国大城市 40% ~70% 的出行比例相比还有很大的差距。城市公交总体发展水平不高是导致公交出行分担率较低的直接原因。

①城市公交有效供给不足。线网覆盖不完善、结构不合理。全国公交

线网存在总体通达深度不够的问题，网络覆盖不完善、公交线网密度偏低；大运量公共交通起步较晚，多数城市还没有形成结构合理的公交服务网络系统，普遍存在着主要客流走廊公交线路重复设置，有的道路上重复线路多达几十条，而城市边缘的居民小区、街道却没有公交线路，普遍服务不到位现象突出。

公交运能不足、服务水平不高。全国多数城市公共交通候车时间长、换乘不方便，以北京为例，地面公交运行速度低，出行时耗长，车辆运行速度、换乘方便性都有待提高。公交车辆多为普通客车，且车辆普遍存在老化、技术等级低等问题，舒适性不足直接影响了公交的竞争力和吸引力。许多城市公交车辆都存在超载问题，特别是在客流高峰期，公交车拥挤不堪，严重超员。

②公交基础设施有待改善。场站基础设施建设滞后。由于缺少场站用地和建设缺乏配套的资金支持，目前全国多数城市公交基础设施建设都十分滞后，不能满足城市公共交通发展的需要。主要城市公交车辆停车场地不足，公交比较发达的北京市仍有近1/3的公交车辆停放在马路边；武汉市公交场站面积缺口104.77万m^2，50%的车辆无固定场站停放；广州公交首末站缺口约为60%。

公交专用路权保障不足。公交专用道规模不足，设置不合理，是制约公交服务水平提高的重要因素。深圳是我国最早进行公交专用道建设的城市之一，截至目前，公交专用道规模依然偏小，总长度仅占到公交线网长度的6%，且未形成网络。另一方面，公交专用道受社会车辆干扰严重，路权保障不足，严重影响了其功能发挥。

③敏感问题影响行业稳定。城市公交企业经营负担过重。城市公交行业经济效益普遍较差，绝大部分企业亏损经营，企业负担较重，负债率较高。

职工工作强度大、收入水平低。公交企业职工特别是驾驶员普遍存在劳动强度过高的问题，同时由于城市交通堵塞、行车环境复杂，如厕、餐饮等生活基本需求得不到有效解决，驾驶员承受的生理和心理压力极大，导致公交企业职工精神状态较差、心态不稳定，制约服务质量提高。另一方面，公交企业职工的收入往往低于当地在岗职工的平均收入水平，导致行业优秀人才流失严重，人员素质急需提高。

外资和民营资本的弊端凸显。外资和民营资本进入城市公交行业，在一定程度上促进了我国城市公交的发展。但是以外资为主流的多种经济成分并存，导致公交行业的公益性地位难以全面体现，其对公交行业的不利影响也逐渐开始显现。受资本逐利性特征的影响,合资企业或民营企业多忽视对公交企业的安全管理和长效资金投入,忽视对公交职工的关心和利益的保护,导致企业经营管理混乱、公交车辆及设施设备失修、服务质量低下、公交职工消极怠工和流失等问题严重。

(2)农村客运发展有待完善。

随着社会主义新农村建设的逐步深入,农村公路、客运场站建设取得了很大的成绩,但是总体来看,农村客运发展仍然滞后,与城市客运发展相比还存在较大差距,仍无法满足基本公共服务均等化和新农村建设的要求。

①农村客运网络不健全。农村道路客运是农民群众的主要出行方式,在许多地方甚至是唯一的出行方式。我国目前仍有很多地区尤其是中西部的部分地区农村客运网络尚不健全,仍有不少乡镇、行政村未通班车,存在农村群众出行难的问题,主要集中在中、西部地区。

②农村客运服务质量不高。运力装备落后。农村客运装备技术水平落后,绝大多数为普通客车,中、高级客车比重较小,且技术水平低,安全状况差、车辆档次低,服务设施不齐,在中西部地区许多地方农用车、拖拉机载客的情况仍然存在,安全隐患突出。

站场设施滞后。相对农村公路网建设的深入,农村地区站场建设尤显滞后,特别是中、西部地区,农村客运有路、有车、无站的现象普遍存在,大多数农村客运车辆仍处于路旁发车、露天候车的落后状态。

③提升发展瓶颈问题凸显。经营主体分散。农村客运市场经营主体集约化程度不高的局面仍广泛存在。虽然许多地区对农村客运进行了公司化改造,但是由于企业经营机制转变进展缓慢,公司内部仍以挂靠、承包、租赁等方式经营为主,很大一部分仍为“一车一主”家庭式经营,经营行为不规范,运输效率不高、效益低下和服务质量较差等问题仍将长期存在。

企业经营困难。由于农村点多面广、住所相对分散,客流少,道路条件差,运输成本高,使得绝大多数农村道路客运经营者处于亏损或勉强保本经营状态。特别是乡镇至行政村、行政村至行政村的农村客运班线,普遍亏损,面临停运。近年来,一些地方政府为改善农民群众出行条件,要求农村道路客运经营者新开辟线路、新增车辆、提高发班频次,但由于配套补贴资金和政策没有跟进,使得农村道路客运经营者亏损愈加严重,处于难以为继的局面。

经营模式单一。目前农村客运大多数采取的是“定点、定时、定班、定线”的运行方式，运行模式单一，经营线路分布也是“线型”或“树形”，很少是“网络型”区域化经营。

市场秩序混乱。经营主体不按照核定区域、线路经营、超载等违规行为也普遍存在；特别是部分地区有大量摩托车、农用车、报废车等非法社会车辆充斥农村客运市场，造成市场秩序混乱。

2.2.4.2 城乡道路客运统筹协调发展存在障碍

在城乡道路客运不断加快发展、融合发展的背景下，原有的城乡道路客运管理体系逐渐开始变得不适应，体制、政策、标准等逐渐不能满足城乡道路客运协调发展的要求。

（1）体制分割障碍影响深远。

体制完全理顺尚需时日。随着经济社会的发展，城乡界限越来越模糊，城乡道路客运一体化发展的趋势越来越明显，传统城市客运和农村客运部门分治的二元体制逐渐变得不适应。国务院本轮机构改革后，从国家层面，统筹城乡道路客运协调发展的体制已经形成，但地方城市公共交通管理体制改革远未到位，在基层完全理顺体制尚需时日。既有部门分治模式是长期延续下来的模式，其不利于统筹城乡道路客运协调发展的影响在短时间内难以消除。

亟须建立部门协调机制。由于缺乏统筹规划的协调机制，资源难以共享，城市公交和道路班车各自形成独立的线网和运营体系，导致城乡客运线路资源综合利用和优化配置存在较大的困难。城乡道路客运涉及交通、公安、安监、发改、国土、规划、建设、市政、物价等多个部门，部门之间存在职能交叉，而交通运输主管部门的职责范围仅限于公共客运的运营管理，政府其他部门在城市交通基础设施规划建设、服务定价和财政补贴等环境建设环节中发挥着决定作用，目前各地都还存在不同程度的规划不衔接、布局不合理、建设不统一（城市道路与农村公路、公交场站与农村站点等）、监管不及时（信息薄弱、交流不畅）等问题，协调机制不及时跟进，统筹协调发展依然困难不少。

（2）二元政策矛盾难以消除。

城市客运和农村客运的服务需求并无本质差别，只是服务群体有城、乡居民之分。但是目前客观上存在的城乡经济社会基础条件的不同，主观上关于城市客运和农村客运在属性认识上的差别，造成了政府对城乡道路客运发展的政策差别，很大程度上阻碍了城乡道路客运统筹协调发展。

城乡道路客运的政策基点不一致。国家四部委《关于优先发展城市公共交通的若干经济政策的意见》中明确规定:“城市公共交通的投入要坚持以政府投入为主。城市公共交通发展要纳入公共财政体系,建立健全城市公共交通投入、补贴和补偿机制,统筹安排、重点扶持”。“公交优先”已被广泛认同并成为城市客运发展的政策基点。“公交优先”本质上即追求公共客运普惠最大化、效率最大化、服务均等化。但是目前“公交优先”被约定俗成为城市公共交通优先,尚没有明确涵盖其他范围。实际上,农村客运与城市公交具有相似的社会公益性,并更能体现公共服务均等化,理应享有优先发展的权利。正是由于目前公交优先是否涵盖农村客运并无国家层面的明文界定,因此在政策基点上农村客运相比城市公交尚有较大的落差。

城乡道路客运的政策支持有差距。城市公共交通在基础设施建设投入、用地政策、票价优惠和规费税收政策等诸多方面,较农村客运享受更多的优惠。主城区城市公交可通过多种渠道享受政府财政补贴,而区县城区客运特别是公益性强的农村道路客运却难以得到政府财政的扶持。政府投入不足往往是导致农村客运发展相对滞后的一个重要原因,近几年虽然各级政府对农村客运也加大了投入和政策优惠力度,但总体力度明显不及城市公交。在统筹城乡道路客运协调发展过程中,政策差别不利于迅速改变农村客运相对落后的面貌,在二者不断融合发展的过程中易导致矛盾和冲突。

(3)资源配置和规划各自为政。

缺少城乡统筹协调规划机制。受长期部门分治的影响,城市客运与道路客运职责分工不明确,业务交叉严重,公交延伸线路与道路客运班线盲目竞争,经营矛盾突出,不仅易引发两类经营主体的冲突,也对乘客利益构成一定损害。由于缺乏统筹规划的协调机制,资源难以共享,导致城乡道路客运线路资源综合利用和优化配置存在较大的困难。

跨部门协调和实施机制缺失。虽然部分城市结合自身实践已经出台或正在编制统筹城乡道路客运一体化发展的相关规划,但是跨部门规划协调和实施协同的机制没有得到足够的重视,规划执行的约束力明显不足,且规划编制和修订的随意性较大,严重影响城乡道路客运体系整体效率的发挥。此外,由于交通部门在城市总体规划中的参与和话语权不够,城市综合交通体系规划没有完全纳入到法定的城市总体规划之中,有的城市甚至没有编制城市综合交通体系规划,也往往容易造成客运线网规划、场站布局规划与城市基础设施规划不同步、不衔接。

(4)法规依据不同。

城市客运法规缺失。当前,我国城市客运管理缺乏高位阶的行政法规,不仅严重影响了城市客运的健康发展,也使地方立法难以适从,政策不稳定、随意性强,造成城市公交的用地、资金、路权和运营补贴补偿等方面的保障措施难以有效落实,也不利于地方在统筹城乡道路客运协调发展实践中的制度创新。原建设部虽然制定了《城市公共汽电车客运管理办法》《城市轨道交通运营管理办法》《城市出租汽车管理办法》《市政公用事业特许经营管理办法》等部门规章以及相关文件,但对城市公共交通行业管理涉及许可、法律责任、执法监管等内容未有系统性的明确规定。城市客运归口交通运输部门后,目前尚未根据新形势发展而制定上位法律法规,对城市客运的运营空间、推进机制等尚缺乏明确的规定,其基础设施管理也缺乏相应的政策依据。

城乡道路客运法规不衔接。农村客运和城市客运管理属于不同的法制体系,在统筹城乡道路客运协调发展的实践中,城市客运向农村地区延伸以及班线客运"公交化"改造,难以避免会面临法律不衔接甚至条文冲突所引致的障碍。例如城市公交和道路班线客运在超载方面仍有不同的规定,城市公交可以核定站立乘员,道路班线则不允许乘客站立,否则按超载处罚。

(5)技术服务标准存在差异。

技术标准缺乏衔接。主要体现在路网衔接、基础设施建设、车型选择等多个方面。目前多数城市的城市道路与城市外的公路分属不同部门管理,城市道路网与公路网规划和建设过程中普遍缺乏相互协调,尤其是城乡接合部的城市道路与公路过渡衔接段技术标准变换,易产生安全隐患。同时,由于公路场站枢纽与城市公交的场站在选址、设计等方面存在诸多不同,极易造成场站建设不衔接、旅客换乘不便、资源浪费等问题。传统的城市公交和道路客运的车型在车身外形、底盘、车身骨架以及车门等方面的技术标准也有很大的不同,在城市公交下乡和道路客运公交化过程中,满足旅客需求与兼顾现行标准规范出现了矛盾,对城乡道路客运一体化发展形成了制约。

服务标准不衔接。服务标准应与城乡居民的不同需求相适应,但是目前尚未出台推进城乡道路客运一体化服务标准衔接方面的统一规定。城市公交企业多数还未纳入交通运输部的客运安全服务质量信誉考核,因此城市公交企业参与农村客运招投标,很难在竞争中取得优势。目前城市公交和农村客运虽都被定义为公益性公共服务,但两种方式在发车频率、通达广度、服务人群、载客人数等方面仍旧存在较大差异。

(6)投入不足制约服务提升。

农村客运发展缺乏投入机制。随着农村客运服务规模的扩大、服务水平的提高,需要更多的资金持续支持。但是对于经济相对落后的地区,政府对农村客运补贴可能存在一定的困难,例如燃油补贴难以落实到位。尤其是当前城乡道路客运一体化发展刚刚起步,在推进农村客运公司化经营、公交化运作、降低票价、改善服务等方面,需要大量的资金投入,均需要政府建立保障和投入的长效机制。此外,由于农村客运站收益少,难以调动投资者的积极性,农村客运基础设施投入不足,农村客运站场建设总体缓慢。

城市公交政府投入仍显不足。一是各地对城市公交的扶持很不平衡。地方政府按照国家统一要求,逐步对城市公共交通实行了财政补贴和扶持政策。但由于各地经济发展水平不一、对城市公共交通的公益性定位认识不同、对公共交通重视程度不同,各地工作进展不平衡现象较为突出。二是缺乏政策性亏损的有效补偿机制。出于民生的考虑,各级人民政府对城市公交纷纷制定实施了低票价政策,但是由于未形成有效的补偿机制,政策性亏损的补偿以及指令性任务支出的补偿难以到位,“政府请客、企业买单”的现象十分普遍,不利于企业改进服务质量。

(7)“一体化”进程总体缓慢。

尽管很多地方在促进城乡道路客运统筹协调发展方面做了许多有益的探索,但是总体来看,城乡道路客运一体化进程仍显缓慢,农村和城市客运服务质量和服务水平仍存在较大的差距,不能满足统筹城乡和区域发展的要求。

公交下乡频繁引发经营矛盾。城市公交拓展和延伸线路过程中,客观上与该线路上农村客运班线形成竞争局面。城市公交下乡对该线路上的农村班线经营者造成很大冲击,由此全国各地频繁产生农村客运经营者抵制公交车下乡,甚至拦车、斗殴的现象,严重影响行车安全和群众出行。

农村客运公交化推广受制约。通过农村客运公交化运营、实现城乡公交一体化的经验模式,目前主要集中于长三角、珠三角、京津冀、成渝等经济社会发展水平和城镇化水平较高的部分地区。其他很多地区虽然班线公交化需求旺盛,但因受经济发展条件和政府财力的限制,很难大面积推进农村班线公交化改造。

第3章　城乡道路客运一体化发展类型划分

国内外实践经验表明，从长期形成的道路客运城乡二元化走向一体化将是一个多样化的历程，城乡道路客运一体化不可能一蹴而就，会是一个循序渐进的过程，针对我国不同地区各异的经济社会发展水平，各地城乡道路客运一体化也不是只有一种发展类型。本章以我国城乡道路客运一体化实践经验为借鉴，研究构建一套以县级区域为单位的城乡道路客运一体化发展类型划分方法，用以科学合理划分不同地区城乡道路客运一体化的发展类型，使各地在推进城乡道路客运一体化的过程中，充分把握本地城乡道路客运一体化的发展环境条件与基础发展水平，因地制宜地推动城乡道路客运服务均等化。

3.1　类型划分总体思路

鉴于我国各地的实际发展情况、道路交通条件、地形地貌条件等存在诸多不同，针对各地区之间的差异特构建一套用以划分一体化发展类型的指标体系。同时，基于综合评价区域发展差异的数据模型，选择我国多个区县的现实数据，采取 K-cluster 聚类分析法，对曲线的综合评价值进行合理聚类，将基础条件类似的区域划分为一个类型，分析其类型表征，为下一阶段分别就不同区域提出不同发展模式奠定基础。

具体的发展类型划分思路如图 3-1 所示。

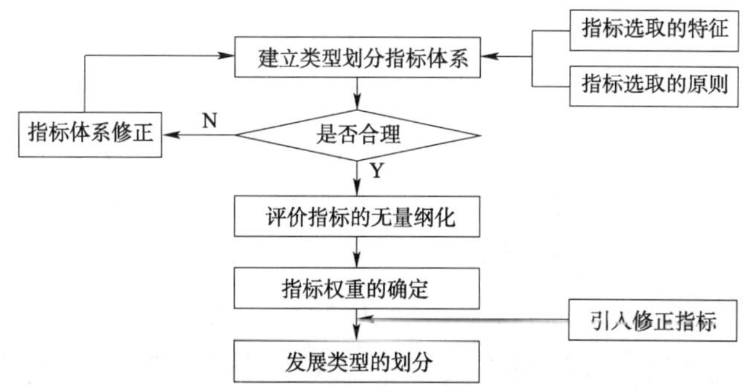

图 3-1　城乡道路客运发展类型划分思路

3.2 类型划分指标体系构建

3.2.1 构建类型划分指标体系的基本原则

(1)系统性原则。

要站在宏观层面,系统分析城乡客运与区域经济社会的相关关系,以研究城乡客运发展的外部及自身环境为对象,综合考虑不同地区的经济、社会、交通、地理条件及发展潜力等多方面因素,选取相应指标构建划分体系,力求通过所设计的指标体系,系统地反映不同区县的发展差异。

(2)可比性原则。

由于我国各地的发展差异较大,考虑的因素众多,同时为了便于一下阶段制定发展模式是对比相关指标,故在指标选取上,应尽可能选择常用的通用指标,便于数据的获取及比较;同时,也需考虑我国相应指标历史资料的可比性问题。

(3)可操作性原则。

为了保证类型划分指标体系的划分效果和科学性,指标体系既要基础数据易得,具有可操作性,又要保证研究的系统性和科学性尽可能不遗漏主要影响因素。

3.2.2 指标体系应具有的特征

(1)强调城乡统筹兼顾的要求。

要实现城乡协调发展,首先必须打破城乡二元结构,统筹城乡发展,以实现城乡一体化为目标,通过推进城乡交通运输一体化,带动城市与农村生产要素的合理流动,以工业反哺农业、城市支持农村和多予少取为放活方针,促进城乡经济发展。故指标体系的建立不仅要考虑反映不同区县交通基础设施发展差异,更应考虑反映交通发展的经济、社会、发展战略等外部环境的差异,这是推动交通运输发展、实现城乡一体化的主要外部条件。

(2)强调可持续发展的要求。

随着可持续发展理念的日益深入及城镇化进程的不断加快,对城乡道路客运的发展提出了更高、更新的要求,城乡道路客运的发展必须适应地方自身发展的可持续性、协调发展性以及城乡居民的出行需求等要求,与区域经济社会的发展保持一致。

(3)强调因地制宜、适度发展的要求。

城乡道路客运发展除考虑与经济社会发展相协调外,还需与自身交通发展状况、地理条件等相适应,因地制宜,以适用为前提,借鉴国内外先进地区发展经验的同时,灵活设计发展模式,使其切合当地实际情况,更具有可操作性。故本研究的指标体系也应考虑这两方面的内容。

3.2.3 类型划分指标的确定

随着国民经济的增长,区域经济差异逐渐扩大,以适宜发展城乡道路客运一体化为前提,研究不同区域发展下对支撑城乡道路客运一体化发展的差异性,并以此为依据进行区域划分。从支撑城乡道路客运一体化发展的实际条件入手分析,会发现引起这类差异性的原因很多,经济发展状况是主要原因,此外还涉及社会发展、交通基础设施条件、运输运力水平、地理条件以及未来发展潜力等方面原因。为此,针对上述原因,确定指标如下。

(1)主体指标。

以系统论和城乡客运与区域经济社会发展的相关关系为基础,将县级区域作为研究单元,站在宏观角度系统分析得出城乡道路客运一体化是建立在区域经济社会发展的基础上,经济社会的发展水平在很大程度上决定了区域推进城乡道路客运发展的快慢、难易,也决定了城乡居民享受出行服务的方式、质量,故在选择主体指标时,首先选择与经济、社会等相关的指标,便于更快、更直观地反映不同区域的发展差异。其次,鉴于城乡道路客运的服务主体是城乡居民,城乡居民的数量、生活水平、消费结构等与交通发展密切相关,那么人的因素也应考虑在内,特别是与经济、社会发展间的相关关系。最后,各县级区域目前交通发展水平方面的指标也应考虑。故在构建指标体系时,特别选择经济、社会、交通发展等方面的相关指标作为主体指标,反映各区域发展差异,具体指标如下。

①区域经济发展水平。

区域经济发展水平是保障城乡道路客运得以可持续发展的基础,其地区生产总值的大小不但反映了地区经济实力的强弱,也决定了城乡居民选择的出行方式与服务质量。为适时反映这方面的影响,借鉴国际经验,选用人均 GDP 指标,不仅能体现某一地区的经济实力,更能体现地区间的经济差异,指标数据的获得也相对容易,具有可操作性。

②区域社会发展水平。

城镇化率常用来反映人口向城市聚集的过程和聚集的程度,除了能表征一个地区经济社会发展情况外,也是衡量一个地区社会组织程度和管理水平的重要标志,同时也可作为城乡客流量变化的关键指标。因此,选择城镇化率为指标反映区域的社会发展水平。

③区域人口分布情况。

城乡道路客运线路和站点的布设,与一个地区人口的分布情况有着密切的关系。人口密度常用来反映一个地区人口的分布情况,也可衡量一个地区城乡道路客运适用何种运营组织方式,以及开通农村客运线路的难易程度。因此,选择人口密度为指标反映区域的人口分布情况。

④道路交通发展水平。

道路交通发展水平是推进城乡道路客运一体化发展的物质基础,行政村公路通畅率可以反映一个地区公路的建设规模,一定程度上也反映了路网的通达深度。因此,选择行政村公路通畅率为指标来反映道路交通发展水平。

(2)修正指标。

虽然城乡道路客运一体化是建立在区域经济社会发展基础上的,但是基础条件,诸如地理条件、发展潜力等方面若是不适应城乡道路客运发展,那么一体化发展也将不可持续。基于此,提出地形地貌指标和发展潜力指标作为主体指标的修正指标,用以校正不同县级区域的综合值,以保证对某地区类型判断的准确性。

①地形地貌指标。

地形地貌指标主要针对各县级区域由于地理条件不同,对城乡道路客运发展的影响也将不同的特点,特别提出的一项修正指标。如以山地为主的区域,在发展优势上相比平原地区较差。该指标属于定性指标,在得到区域类型划分的初次结果后,运用该指标再对所有区县进行重新核对,力求使得区域类型划分更为合理。

②发展潜力指标。

发展潜力指标是用来衡量各区县未来发展状况的一项综合性指标。该项属于定性指标,其指标值的确定是通过梳理国家(或区域)层面和地方层面的发展战略、规划等对各区县进行重新评估,判断未来城乡道路客运一体化推进的优势和阻碍,预测未来发展的动力和速度等。

3.3 类型划分结果评断标准

针对我国国情,依据现已出台的相关规范和办法,结合专家意见,借鉴国内典型地区实际经验,合理界定类型划分指标体系,以区县为单位,总结得到我国城乡道路客运一体化发展的三个不同类型。具体划分标准如下。

3.3.1 城乡一元型

重点针对经济基础较好(人均 GDP 达到 50000 元以上)、城镇化率相对较高(城镇化率达到 60% 以上)、人口密度较大(人口密度达到 450 人/km^{2}以上),客流强度较大、已基本实现客运网络全覆盖(行政村公路通畅率达到 90% 以上)的区县,或全域发展水平高且发展均衡、人口集中、经济发展速度迅猛的地区。

处于该类型的区县,大部分区域都已城市化,城乡道路客运主要需求体现在对城市公交、公交化的农村客运上。因此,这类型的区县,需要进一步完善城乡公交一体化的软硬件设施和外部环境,以优化客运资源配置、提升网络服务深度为重点,满足城乡居民高效、经济的公交化出行需求。

3.3.2 城乡融合型

重点针对经济基础较好(人均 GDP 介于 20000 ~ 50000 元之间)、城镇化率相对较高(城镇化率介于 40% ~ 60% 之间)、人口密度相对较大(人口密度介于 100 ~ 450 人/km^2),已有一定客运网络(行政村公路通畅率介于 60% ~ 90% 之间)和客流基础的区县,或有较强影响力的中心城区、地域面积适中、人口相对集中、经济发展潜力较大的区县。

该类型的区县,城市和农村协调快速发展,城乡之间相互影响较大,城乡居民沟通密切,城乡道路客运主要需求不仅体现在对城市公交、公交化的农村客运上,还对城市公交和农村客运的衔接有较高要求。因此,该类型的区县需要稳步推进运营方式转变,以提升衔接效率、推进农村客运公交化发展、培育公交化客流为重点,建议采取以城市公交延伸、农村客运“公交化”运作等多种形式和谐共存为主,一般农村客运为辅的城乡道路客运运营模式,重点做好农村客运“公交化”改造和城市公交与农村客运之间的衔接工作,满足城乡居民方便、快捷的出行需求。

3.3.3 城乡二元型

重点针对经济基础较差（人均 GDP 在 20000 元以下）、城镇化率较低（城镇化率小于 40%）、人口密度较小（人口密度在 100 人/km^2 以下）、道路基础设施发展较为滞后（行政村公路通畅率介于 30% ~60% 之间）、客流需求不稳定，或地域面积较大、地形条件复杂、人口分布分散、经济发展潜力较弱的区县。

该类型的区域，城乡和农村发展相对分割，部分农村地区还较为落后，城乡道路客运需求较少，城乡道路客运主要需求体现在对农村客运的基本供给上，需要加快发展，以加大客运资金投入、强化线网覆盖、提升客运网络整体通达性为重点，建议采取以农村客运全覆盖运作模式为主，区域化运营等农村地方特色经营为辅的城乡道路客运运营模式，重点提高农村客运的服务水平，做好城乡道路客运基本服务均等化，满足城乡居民的基本出行需求。

第4章　城乡道路客运一体化发展模式分析

由于各地在经济发展、城镇化、交通发展、客运需求等方面存在差异，推行一种城乡道路客运发展模式难以适应不同地区的实际条件，故推进模式设计应因地制宜，综合考虑，避免“齐步走”和“一刀切”。但是，根据上一章城乡道路客运一体化发展类型划分的研究，大体上还是可以根据各地的主体指标和修正指标做一个分类，每个地区都可以结合本地道路客运市场发展现状，从同类地区的成功经验中找到可借鉴的内容，选择适合自身发展的城乡道路客运一体化发展模式。虽然不同基础条件下适宜的发展模式各不相同，但不同模式之间具有相对性、可变性和兼容性，而非一成不变的固化模式。当某一地区的基础条件、发展状态发生变化，满足另一类型发展模式的要求后，可实现模式间的转化。同时，也存在某一地区以某一类型发展模式为主，但因区域发展不平衡，存在个别乡（镇）、村仍在另一类型发展模式运行，故模式类型间是可以兼容的。

本章根据我国东、中、西部典型地区的研究，结合上一章划分的三种发展类型，介绍了可供各地选择的三种城乡道路客运一体化发展模式：全域公交一体发展模式、城乡客运协同发展模式、城乡客运服务全覆盖模式，并从设施建设、服务效果和运营管理三个方面入手，详细阐述了三种模式的特征和发展要求。

4.1　全域公交一体发展模式

4.1.1　特征分析

“全域公交一体发展模式”是在处于“城乡一元型”的发展区域，借鉴“打破城乡区域界限，实现市域内城乡公交全覆盖”的经验做法，采取特许经营模式，按照规定的线路、车辆、时间、站点、票价“五定”，按照经营主体公司化、经营方式公交化、经营行为规范化、城乡服务均等化“四化”，按照统一管理主体、统一规费政策、统一营运车型、统一营运标识、统一调度排班、统一服务标准“六统一”组织运营。主要适用于那些市域地理环境不太复杂或行政区域范围不太大的城市或局部区域。要求城市城镇化水平较高,城乡经济发展较均衡,城乡联系紧密,人员往来频繁,城乡居民出行需求比较趋同,社会经济总体发展水平较高。

4.1.2 发展要求

4.1.2.1 设施建设

(1)道路网络。

普通国省道和城市道路作为通道性基础设施,构成道路网络的主体,在城市中心带动小城镇、统筹区域发展方面发挥巨大作用。因此,要求普通国省道通达度高,覆盖所有乡镇,县域内成网,连接区县城区所辖乡镇;技术等级结构合理,国道达到二级以上、省道达到三级以上,实现中心城镇对外通道畅通高效;实现干线路网对核心性中心城镇多路连通,可靠度高,县区其他有条件的中心城镇两条以上普通国省道连通;实现中小城镇与周边重要经济实体的连通,小城镇通达能力强。

目前,存在城市道路体系和公路网两种相对独立的体系。县区在发展“全域公交一体化发展模式”时,应建立统一的管理机制,公路与城市道路在建设衔接上标准统一,两套交通运输体系进行整合,建立一体化的功能道路运输体系,尤其对公路而言,在新改建时同步配备以城乡公交为发展导向的城乡道路客运设施,如港湾式停靠站、硬路肩、标志标牌等。同时,城市规划区内以及贴近城市近郊区的区域,新建项目注重预留道路管线等城市道路改造的空间。城乡接合部为公路与城市道路衔接设置过渡区域,在进行公路设计建设时必须采取逐步变化的方式,避免出现技术标准的突变。

总体来说,发展“全域公交一体化发展模式”的区县,新建道路要根据客运需求对客运设施进行一体化规划、设计、施工,城市拓展区的道路应按城乡公交开行要求进行改造。考虑不同运营模式的特点,突出以人为本、服务民生的发展理念,强调客运网络对主要客源点的服务强度,城市规划区内按城市道路标准建设,非城市规划区内按城市道路的功能和要求改造,包括设站、加路肩、人行道等。

(2)场站枢纽设施。

城乡道路客运作为一个由人、车、路、站组成的系统,其网络化的特征要求各部分紧密关联，才能保证客运系统的高效运转。因此，客运枢纽设施是城乡道路客运系统的硬件基础。在此，以“城乡道路客运站”统称城市和农村区域内的各类客运场站设施。城乡道路客运站包括客运枢纽站和客运停靠站两大类。客运枢纽站是城乡道路客运站系统的重要环节，是为旅客提供中转、集散等服务的综合性客运服务场所。客运停靠站是指设置在客运线路上、供客车上下旅客使用，一般无正式站房设施。

“全域公交一体化发展模式”的城乡道路客运站的布局选址，要与片区客运需求相协调，与节点重要度的分析相一致，符合全域公交客流集散特点。在城乡客运集散点上规划建设客运站，在其他客运节点上，根据其重要度的评价指标，选择港湾式停靠站、站牌等形式，最大限度满足城乡居民出行要求。

(3)线路布局模式。

随着农村经济的快速发展，人、物、资金的快速流动，发展“全域公交一体化发展模式”的区域生产力分布与生产格局进一步调整，客运流量与流向也产生变化，需要一种密度较大的网络运营模式，特别是增加区域内相邻节点之间的直达客运线路，最终形成网络。因此，“全域公交一体化发展模式”的城乡道路客运运营模式，多适合使用多中心网络化运营模式。多中心网络化运营模式如图 4-1 所示。

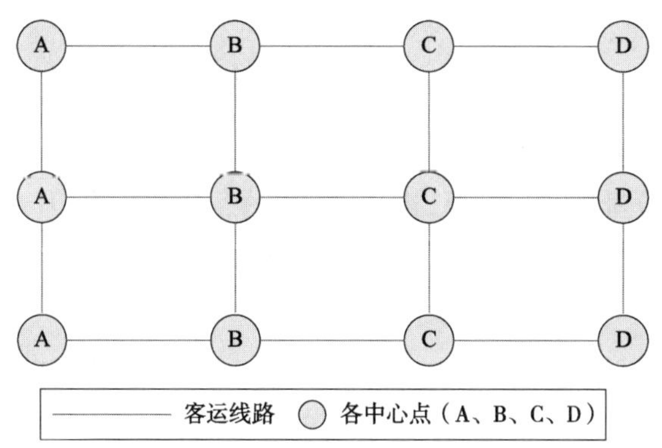

图 4-1　多中心网络化运营模式

这种模式具有如下特点：客源稳定、客流量大、客流集中，客运线路覆盖率高，城乡居民出行便捷。该模式有利于促进地区内部经济快速发展，同时通过网络的外延，还可加强与其他区域经济网络联系，促进区域经济协调发展。

4.1.2.2 服务效果

(1)安全服务。

以安全性为前提,要参考相应交通安全技术规范和发展经验,在公交线向城市外围区即原农村客运覆盖地区延伸过程中,其安全性标准按《城市道路交通规划设计规范》执行,根据实际道路情况,采用安全、节能环保车型,并装备 GPS、救援设备(破窗锤、灭火器)等安全防护设施设备。根据本区域发展特点,运营主体必须为具有成熟客运管理经验的大中型客运企业,具有较强的抗风险能力和运力资源调配能力。从业人员必须具备高中以上学历、三年以上的驾驶经验、无重大交通责任事故、具有娴熟的驾驶技能等,保证从业人员具有较高的安全防范意识。

(2)便捷服务。

尽量做到城市公交站点或公交化运营的班线站点 500m 半径内全覆盖。做好区域内部城乡道路客运站点与对外客运枢纽之间的衔接,换乘距离小于 500m 或者换乘时间小于 5min。

(3)运输调度。

建立 GPS 联网联控系统,实现智能化、科学化、规范化的车辆调度管理,加强道路安全监管与救援等,提高企业组织管理、安全生产水平,提高城乡道路客运体系运输能力。

(4)车辆配置。

根据道路条件和客流需求,配置与其发展相适应的城市公交车辆;普及 IC 卡装置,实现刷卡收费;结合加气站建设及管网布设规划,建议有条件的区县推广和配置节能环保车辆;提高车辆的舒适度,提升出行体验水平;在运行过程中,执行城市公交核载标准。

(5)票价服务。

实行低票价票制,行政区域内市区、城乡及镇村等所有公交线路,均采用普遍服务定价、五类人群免费乘车的优惠政策。

4.1.2.3 运营管理

(1)运营组织模式。

服务体系:由不同等级的公交化客运线路体系、不同类型的城乡道路客运站场体系构成的不可分割的客运网络系统。客运线路和站场,需要结合出行需求特点与专业技术要求,可进行分级分类。

运输组织方式:公交经营模式。依照城市公交的运营模式,滚动发班,发班间隔较短,沿途按站停靠。

特点:实行低票价票制;运营实行定线路、定班次、定时间、定票价、定站点,统一排班、统一调度、统一结算、统一票价;载客人数在现有规范的基础上有部分突破,运行在公路上的城乡公交允许有适当站位。

(2)经营管理模式。

以具有成熟客运管理经验的大中型道路客运企业为主体,对没有上述企业进入的部分区县,有条件者可以通过引进类似企业或者以原有企业进行公司化改造,统一经营主体,实行规模化、集约化管理。

(3)政策体制管理。

政府采取的主要措施:坚持"大交通、大公交"的理念,以政府为主导,联合多部门推进城乡公交一体化,并将此项工作列入政府民生工程或惠民工程;开展对农村客运的公交化改造,实行片区经营;城乡公交实行基本趋同的补贴补偿标准;制定统一的管理办法、服务标准和考核标准。

客运服务的经济属性:行政区域内公交市场所有的客运服务,均定位为公益性服务,政府根据企业的客运服务质量考核成绩,以及企业实际经营情况,对于企业守法经营过程中产生的政策性亏损,给予必要的补贴。

发展策略或路径:推进公车公营,实施特许经营。建议特许经营选择模式或区域专营模式。

4.2 城乡客运协同发展模式

4.2.1 特征分析

"城乡客运协同发展模式"是在处于"城乡融合型"的稳步发展区域,借鉴"城市公交与农村客运有效对接,实现分区、分级经营"的经验做法,率先划分区域,对城市拓展区、城乡结合区及镇乡结合区,采取特许经营模式,按照"四化""五定""六统一"要求,推进城市公交全覆盖,发展城市公交延伸和农村客运公交化模式;农村地区,采用区域经营、特色班车经营等经营模式,按照"四定"(规定的区域、时间、站点、票价)要求,按照经营主体公司化、经营方式公交化、经营行为规范化、客运服务标准化"四化",以及按照统一管理主体、统一规费政策、统一营运车辆、统一营运标识、统一调度排班、统一服务标准"六统一"进行客运线路组织运营;最主要的是,要特别注重城市公交与农村客运之间的融合,做好两个体系之间的衔接。主要适用于那些城市化快速推进、农村经济较快发展,但城市和农村仍相对独立,城市开始向城郊快速拓展,在城乡结合区农村客运线路和公交线路有所重合的"城乡融合型"地区。

4.2.2 发展要求

4.2.2.1 设施建设

(1)道路网络。

道路基础设施发展相对完善,道路交通基础条件较好,客运需求较为旺盛。发展时,应对其城市外围道路进行城市化改造,对农村道路基础设施加快提档升级,重点进行安保设施健全化建设,考虑不同运营模式的特点,强调客运网络对主要客源点的服务强度和广度,加快推进该区域内乡镇公路联网工程,提高联系小城镇与上级节点公路的技术等级,中心镇和有条件的一般镇按照三级及以上标准控制,打破以前以县城为中心的辐射状分布,促进农村居民之间的交流。

城市建成区按城市道路标准建设;城市外围按城市道路的功能和要求进行改造(包括设站、加路肩、人行道等);农村区域内公路路基宽度、路面宽度达到通农村客运要求,危险路段必须安装防撞护栏等。

(2)场站枢纽设施。

城乡道路客运站的布局选址,不仅要考虑与所服务区域的发展方向一致,还要考虑其建设对该区域的能动影响,明确客运站的建设与区域发展的互动关系。在场站的布局上应充分考虑有效的衔接换乘,方便旅客的中转与换乘,特别注意城乡接合部农村客运与城市公交之间的有效衔接,充分利用城市公交、道路班线、农村客运各种站点设施,结合线网分布状况,按功能层次合理布局换乘枢纽,改善换乘设施,实现城乡道路客运站场设施的有效对接。其次,城市公交与农村客运在站场的硬件设施标准方面存在较大差异,要实现"城乡客运协同发展",必然面临对城市尤其是城乡接合部、农村区域的站场和站点统一建设标准的问题。

(3)线路布局模式。

多以各重要乡镇为中心,线路向辐射的村呈放射状,因此,适合采用以乡镇为中心的区域型运营模式。这种模式是基于方式型运营模式,依据行政区域和线路走向,针对乡镇内部客流量较大的节点而开行客运环线,即该模式是从起点站转载乘客,沿途按停靠站停靠,最终返回起点。

这类模式的特点有:客运量较大、客流较集中,回避了放射型线路返回时客流量较小的问题,降低了一定的运营成本;客运线路覆盖率较高,城乡居民出行相对便捷。如图 4-2 所示,图中 X – C – D – F – X 是一条从乡镇中心 X 点始发的客运环线,经 C、D、F 点回到乡镇中心。

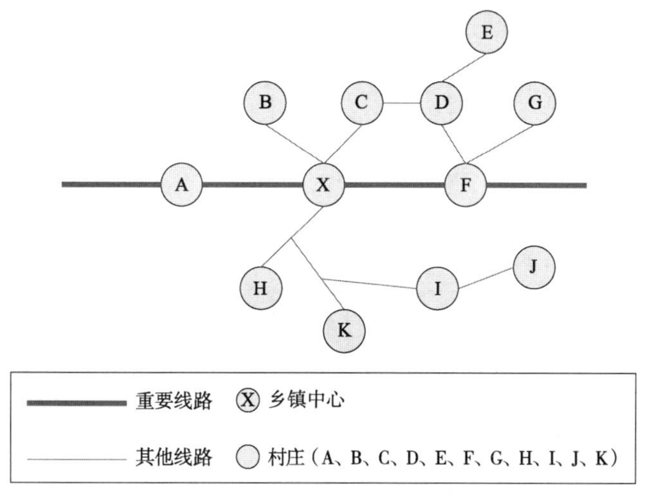

图 4-2 以乡镇为核心的区域型运营模式

4.2.2.2 服务效果

(1)安全服务。

在公交线向城市拓展区、城乡结合区以及部分条件成熟的组团、中心镇延伸的过程中,其安全性标准按《城市道路交通规划设计规范》执行,班线客运安全标准按照《道路交通安全法实施条例》执行。根据实际道路情况,采用安全车型,并装备 GPS、救援设备(破窗锤、灭火器)等安全防护设施设备;根据各区域发展特点,运营主体必须为具有成熟客运管理经验的大中型客运企业,具有较强的抗风险能力和运力资源调配能力;从业人员必须具备高中以上学历、三年以上的驾驶经验、无重大交通责任事故、具有娴熟的驾驶技能等,保证从业人员具有较高的安全防范意识,减少交通事故的发生。

(2)便捷服务。

尽量做到城市拓展区、城乡结合区及镇乡结合区,城市公交站点或公交化运营的班线站点 500m 半径内全覆盖;其他地区做到农村班线站点 2km 半径范围全覆盖。做好区域内部各类城乡道路客运站点之间的衔接,换乘距离小于 500m 或者换乘时间小于 5min。

(3)运输调度。

城市建成区、城市拓展区、城乡结合区及镇乡结合区基本实现公交化的车辆调度管理,农村地区仍采用班线车辆调度。

(4)车辆配置。

在城市拓展区、城乡结合区及镇乡结合区,根据道路条件和客流需求,配置与其发展相适应的城市公交车辆;其他区域,合理选择合适农村地区自然条件、交通基础设施、经济发展水平的道路客运车辆。

城市拓展区、城乡结合区及镇乡结合区运行的车辆,执行城市公交核载标准,允许有站位;其他区域运行的车辆,按座位数核载人数。

(5)票价服务。

城市公交实行一票制或计程收费制(按计费区收费),采用普遍服务定价,农村客运实行计程收费制(按实际乘距收费),采取经营性服务定价。

城乡公交、农村客运均享有低票价和五类人群免费或优惠乘车的政策扶持。

4.2.2.3 运营管理

(1)运营组织模式。

服务体系:由三个网络系统构成,包括城市客运网络系统、城乡道路客运网络系统和镇村客运网络系统。各系统有效衔接,实现分区分级经营。

运输组织方式:在对接点实现城乡交通换乘衔接;农村客运线路根据发展水平逐步进行公交化改造;改造后的农村客运实行公司化经营、公交化运作、规范化管理;按照定线、定班、定站、定票价、定经营期限运行;统一管理主体、统一规费政策、统一营运车型、统一运营标识,统一调度排班、统一服务标准。

(2)经营管理模式。

以具有成熟客运管理经验的大中型道路客运企业为主体,对没有上述企业进入的部分区县,有条件者可以培育地方大中型企业或者引进类似企业统一经营主体,实行规模化、集约化管理。

(3)政策体制管理。

政府采取的主要措施:分别界定城市公交和农村客运公交化经营的范围,明确各自的线路长度和经营范围、公益职能、票制票价、管理标准(核载标准)、财税政策;实行分区、分级经营;对于公交需求迫切的城郊或农村区域和线路,采用公交化改造方式,整合城市公交与农村客运;统筹规划建设城市公交与农村客运的换乘站点，城郊区的车辆退出中心城区，城市公交车退出城郊区，在对接点实现换乘衔接。

客运服务的经济属性：行政区域内城市客运网络系统、镇村客运网络系统提供的客运服务，定位为公益性服务，政府根据企业的客运服务质量考核成绩，以及企业实际经营情况，对于企业守法经营过程中产生的政策性亏损，给予必要的补贴。城乡道路客运网络系统定位为经营性服务，政府按竞争性业务进行市场管理。

4.3 城乡客运服务全覆盖模式

4.3.1 特征分析

"城乡客运服务全覆盖模式"是在城乡发展处于"城乡二元型"发展的区县，借鉴"农村客运全覆盖发展方式"的经验做法，鉴于各区县农村地区经济发展水平及客运需求的不同，对城市拓展区、城乡结合区、乡镇结合区以及人口相对密集、道路条件较好的农村地区选择区域经营、特色班车经营等经营模式，发展较快区域推进农村客运"公交化"；对其他农村地区，采用区域经营、特色班车经营、捆绑经营等多种经营模式，按照规定的线路、车辆、站点、票价"四定"，按照经营主体公司化、经营方式公交化、经营行为规范化"三化"，按照统一管理主体、统一规费政策、统一营运车辆、统一营运标识、统一调度排班、统一服务标准"六统一"进行客运线路组织运营。以"城乡等值"为核心理念，充分考虑本级行政区域内城乡居民间以及不同经济发展水平的农村居民间出行需求特征的差异性，因地制宜，选择多种道路客运服务方式以满足城市、镇村交通基本公共服务需求以及城乡居民日常出行交流的需要。主要适用于那些市域地理环境比较复杂或行政区域范围较大、城乡发展非常不均衡，整体社会经济发展水平偏低的"城乡二元化"区县，且农村居民出行需求较弱，客源少且不稳定。

4.3.2 发展要求

4.3.2.1 设施建设

(1)道路网络。

采用"城乡客运服务全覆盖模式"的区县，客运需求较不稳定，基础设施建设要考虑不同运营模式的特点，要强调对主要客源点的服务广度，覆盖率在规范值和本区域经济水平参考下宏观匡算，加快推进该区域内中心镇、一般镇到行政村，以及重点节点的公路建设，有条件的区域加强行政村到自然村的公路基础设施，结合区域内部干线交通网络布局，加强农村交通与骨干网络的互通。优先安排交通量大、连接城镇乡村多、人口相对集中的重点路段的农村公路建设和改善。加大对连接农村学校、医院等交通基础设施的支持力度。

城市建成区按城市道路标准建设，城市外围按城市道路的功能和要求进行改造（包括设站、加路肩、人行道等）；农村区域内公路路基宽度、路面宽度达到通农村客运要求，危险路段必须安装防撞护栏等。

（2）场站枢纽设施。

城乡道路客运站布局选址，要与该区域道路网络规划一致，确保有可提供城乡客运站发展的基础设施平台，一些站点的建设要纳入道路的新建或改建计划之中，强化换乘设施的同步规划、建设与运行。选址宜优先考虑原换乘节点，通过对自然或者历史原因形成的换乘点的改扩建，最大限度符合居民出行习惯，提高居民换乘便利性。

（3）线路布局模式。

大多节点分布较分散，基于城乡居民出行特征及农村地区小城镇体系结构形态，城乡客运多是镇—村间的短途客运，客运线路多以乡镇为中心，向周边各村庄呈放射状布局形态，实现城乡居民—村之间快速通达，这种模式是目前应用最为广泛的模式之一，这种模式主要适用于地区经济水平相对较低的农村地区。

这种运营模式的特点有：客运量较小、客流较集中，出行时空特征明显；客运线路覆盖率较低，城乡居民出行较为不便；开行方式较灵活，依据行政村的经济发展水平、出行需求等实时开通，采取“成熟一条开通一条”的开行方式。具体运营模式如图 4-3 所示。

4.3.2.2 服务效果

（1）安全服务。

鉴于城乡客运的基础安全设施不完备，而且受地形的约束限制较大，为提高营运的安全性，所配车型应属于安全车型，并装备 GPS、救援设备（破窗锤、灭火器）等安全防护设施设备；根据本区域发展特点，运营主体必须为具有成熟客运管理经验的大中型客运企业，具有较强的抗风险能力和运力资源调配能力;从业人员必须具备初中以上学历、三年以上的驾驶经验、无重大交通责任事故、具有娴熟的驾驶技能等,保证从业人员具有较高的安全驾驶水平和防范意识,减少交通事故的发生。

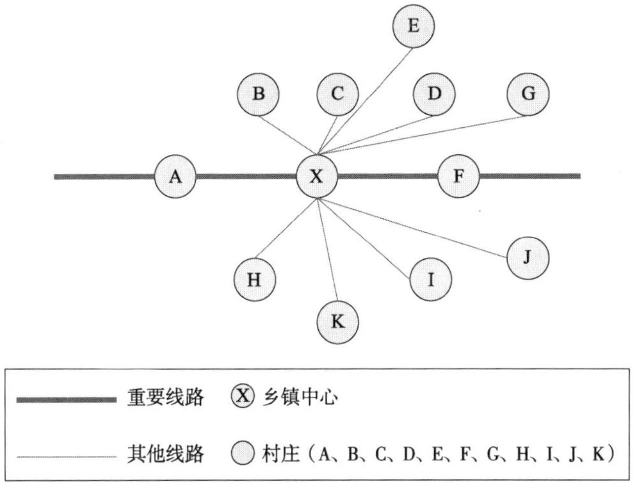

图 4-3　以乡镇为中心的放射型运营模式

(2)便捷服务。

此模式中,尽量做到各类客运站点 2km 半径范围全覆盖。做好区域内部各类城乡道路客运站点之间的衔接,换乘距离小于 800m 或者换乘时间小于 10min。

(3)运输调度。

一般条件下,实行企业较为规范化的班线车辆调度管理,有条件区县可实现公交化的车辆调度管理。

(4)车辆配置。

合理选择适宜农村地区自然条件、交通基础设施、经济发展水平的道路客运车辆,按座位数核算人数。

(5)票价服务。

行政区域内市区公交、镇村公交、农村客运班线,采用普遍服务定价,除此之外的客运服务采取经营性服务定价。

农村客运享有低票价和五类人群免费或优惠乘车的政策扶持,实行计程收费制(按实际乘距收费)。

4.3.2.3　运营管理

(1)运营组织模式。

服务体系:由二个网络系统构成,包括城市客运网络系统、乡镇村客运网络系统组成，实现城乡客运全覆盖发展。

运输组织方式：城市客运网络系统采用公交运输组织方式，农村客运网络系统采用镇村公交、农村客运班线或经公交化改造的班线、特色运营等多种运输组织方式。特点：大多实行区域经营；车型结合地形和道路条件，因地制宜采用合适的车型；针对城乡居民的出行需求，采用有针对性的客运特色组织方式。

（2）经营管理模式。

以具有成熟客运管理经验的国资中大型道路客运企业为主体，对没有上述企业进入的有条件区县，可以培育国资地方企业或者引进类似企业，统一经营。

（3）政策体制管理。

政府采取的主要措施：实行政府主导、市场运作、社会参与的模式，吸纳民营资本修建改造道路和从事农村客运；出台农村客运管理办法和资金补助方案。

客运服务的经济属性：行政区域内城市客运网络系统提供的客运服务以及农村客运网络系统中的镇村公交、农村客运班线等，定位为公益性服务，政府根据企业的客运服务质量考核成绩，以及企业实际经营情况，对于企业守法经营过程中产生的政策性亏损，给予必要的补贴。农村客运网络系统中除镇村公交、农村客运班线外的客运班线，或经公交化改造的客运班线，定位为经营性服务，政府按竞争性业务进行市场管理。

发展策略或路径：在政府财政能力严重不足、政府无法给予财政资金补贴的情况下，政府通常会采用一定的行政手段进行资源配置，以提升城市客运与农村客运的服务质量。如经济欠发达地区的交通运输主管部门，通过分片经营、冷热线搭配以及政府定价等行政手段，保障了区域内各地居民相对均衡的城乡道路客运服务供给。

第5章 城乡道路客运一体化评价指标体系构建

本章在明确城乡道路客运一体化的内涵与发展规律的基础上，系统构建城乡客运一体化发展水平评价的指标体系，评价指标体系由设施建设、服务质量与运营管理三个方面的内容组成，在注重完备性、科学性、客观性、简明适用性、可比性、可操作性的同时，筛选出能够合理体现三个方面实际情况的17个评价指标，明确了各指标定义、主要评价内容和计算方法，用以全方面评价某一县(区)城乡道路客运一体化发展水平，发现存在问题的具体方面，指导未来我国各县(区)城乡道路客运一体化发展的方向和重点。

5.1 城乡道路客运一体化发展指标筛选

5.1.1 评价指标选取原则

(1)完备性原则。

指标体系作为一个有机整体，应能全面反映城乡道路客运一体化的发展状况。既要反映城乡道路客运的结构功能，又要体现城乡道路客运的系统性、协调性和动态性，否则评价的结论是不可信的，甚至给上级管理部门和内部管理造成错误的行为导向。

(2)科学性原则。

指标概念要确切，这是一条最根本的原则。根据这一原则，指标与指标体系的设计必须与城乡道路客运发展相一致，指标的数量应取决于实际需要和理论研究的完善程度。概念要科学，不能含糊其词；含义要确切，不能有多种解释；计算范围要明确，不能各有所取。在实际管理过程中，概念模糊，含义不清，范围不明的指标不乏其例，设计时应该避免。

(3)客观性原则。

保证评价指标选取的客观公正，保证数据来源的可靠性、准确性和评估方法的科学性。

(4)简明适用性原则。

由于城乡道路客运一体化涉及众多因素,反映其发展现状的指标数庞大,因此选择指标时,在不影响完备性的前提下,应尽量使指标体系简单明了,尽量选择那些有代表性的综合指标和主要指标。同时指标设计要实用,指标与指标体系的设计应具有一定的代表性,能适应各个发展水平层次的城乡道路客运一体化实施评价,具有一定范围内的实用性。

(5)可比性原则。

所用数据要求可比。从时空观点上看,指标体系中的各项指标应具有统一的计算口径、计算方法和统一的量纲。对于概念不清、无法测量的指标尽量不做评价指标。

(6)可操作性原则。

指标的选取要尽可能利用现有统计资料。指标要具有可测性,易于量化。在实际调查评价中,指标数据易于通过统计资料整理、抽样调查、典型调查,或直接从有关部门获得。

涉及城乡道路客运发展评价的指标有很多种,精确的量化不等于评价的准确,对于发展水平总体评价,应选取尽量少的指标,反映最主要和最全面的信息,使每项指标具有独立性、可量化性、通用性。总之,在设置和筛选指标时,应坚持完备性、科学性、客观性、简明实用性、可比性和可操作性的统一。其中完备性、科学性、客观性对城乡道路客运一体化实施评价指标体系的理论探讨具有深远的意义;而简明实用性、可比性和可操作性则有利于指标体系在实际评价中的推广应用。

5.1.2 评价指标的选取

城乡道路客运一体化发展评价指标体系采用以定量分析为主、定性分析为辅,定量与定性分析相互校正,在此基础上,分别从设施建设、服务效果和运营管理三个方面构建完整的城乡道路客运一体化发展评价指标体系。

(1)城乡道路客运一体化设施建设评价指标体系。

城乡道路客运一体化设施建设指标体系,可用来评价某区县现有硬件条件情况,可分析该区县对于城乡道路客运一体化的实现能力。

城乡道路客运一体化的道路网络、场站枢纽、客运线网是反映城乡道路客运一体化设施建设的主要因素,可从这三个方面来评价该区县对于城乡道路客运一体化的实现能力,就能较全面反映地区客运道路一体化设施建设的水平。构建城乡道路客运一体化设施建设评价指标体系，具体指标见表5-1。

城乡道路客运一体化设施建设评价指标体系　　表5-1

一级指标	二级指标	三级指标
设施建设评价	道路网络一体化	建制村公路通畅率
	场站枢纽一体化	城乡道路客运通达率
		基础设施筹建一体化水平
	客运线网一体化	线网承载能力匹配度

(2)城乡道路客运一体化服务质量评价指标体系。

城乡道路客运一体化服务质量评价指标体系，是从用户的观点进行评价的，可评价某区县城乡道路客运服务体系的实际服务效果和用户满意程度。

城乡道路客运一体化服务质量评价应考虑不同区县的客运服务水平、可能产生的影响、满足区域预定发展目标和任务的程度等多个方面。从评价的内容来看，城乡道路客运一体化服务质量评价主要包括安全、便利、快捷、舒适、经济五个方面。指标设置见表5-2。

城乡道路客运一体化服务质量评价指标体系　　表5-2

一级指标	二级指标	三级指标
服务质量评价	安全服务	交通责任事故万车死亡率
		车辆安全设施完备率
	便利服务	场站枢纽换乘衔接便捷率
		相邻镇村直达率
		信息服务一体化水平
	快捷服务	高峰时段平均发车间隔
		平均运营速度
	舒适服务	车辆万人拥有率
		高峰时段满载率
	经济服务	票价可接受度

(3)城乡道路客运一体化运营管理评价指标体系。

城乡道路客运一体化运营管理评价指标，主要是评价某区县交通运输管理部门的管理能力和运输企业的经营情况。

城乡道路客运一体化运营管理评价指标体系采用以定量分析为主、定性分析为辅，实行定量分析与定性分析相互校正，以此形成城乡道路客运一体化运营评价综合体系。指标设置见表5-3。

城乡道路客运一体化运营状况评价指标体系　表 5-3

一级指标	二级指标	三级指标
运营管理评价	运营模式一体化	城乡道路客运车辆公交化比率
	市场建设一体化	企业经营模式一体化程度
	发展政策一体化	发展政策一体化水平

5.2 城乡道路客运一体化发展指标设定

5.2.1 设施建设评价指标

5.2.1.1 道路网络一体化程度

建制村公路通畅率 A1。

①评价内容:评价某区县建制村公路的通畅情况。建制村公路通畅率是建制村通达城乡道路客运的基本条件,可反映城乡道路客运一体化的基本实现能力。

②计算方法:行政区域内已通畅建制村数量占行政区内建制村总数的比例(单位:%)。

$$建制村公路通畅率=\frac{已通畅建制村数量}{建制村总数}\times 100\%$$

5.2.1.2 场站枢纽一体化程度

(1)城乡道路客运通达率 A2。

①评价内容:通达率是衡量城乡道路客运覆盖情况的重要指标,提高通达率是城乡道路客运规划的重要目标之一,其影响因素与站点服务人口率相似,与公路通达情况、城乡道路客运的延伸程度与发展规模、站点个数多少等因素有关。站点服务人口率是从覆盖服务对象方面评价,而通达率是从覆盖地区方面评价。

其中,在有行政村的地区,行政村委会所在地在通达城乡道路客运班线的站点 2km 覆盖范围内,即为通达。在城市规划区内,则按各类客运站点 500m 半径覆盖率计算。

②计算方法:统计期内,城乡道路客运班线站点 2km 半径覆盖范围内的行政村数量占行政村总数的比例。

$$城乡道路客运通达率=\frac{2\text{km}半径覆盖范围内行政村个数}{行政村总数}\times 100\%$$

统计期内,各类客运站点500m半径覆盖率占全域面积的比例。

$$城乡道路客运通达率=\frac{各类客运站点500m半径覆盖面积}{全域面积}\times 100\%$$

(2)基础设施筹建一体化水平A3。

评价内容:评价城乡道路客运基础设施筹建主体,在进行基础设施规划建设中,实现客运场站与道路建设之间的一体化程度。主要内容包括:新建、改扩建城市道路或公路项目与客运站点(包括简易站、招呼站、候车亭等,下同)同步设计、同步建设、同步交付使用情况。

5.2.1.3 客运线网一体化程度

线网承载能力匹配度A4。

①评价内容:反映线网单位线路长度实际客流需求与承担客流量的能力的匹配程度,说明线路承载能力的合理性,也可用于评价线网的运营效率和经济性。

②计算方法:

$$线网承载能力匹配度=\frac{线路长度\times 设计能力}{日均客运需求}$$

5.2.2 服务质量评价指标

5.2.2.1 安全服务

(1)交通责任事故万车死亡率B1。

①评价内容:评价期内,行政区内城乡道路客运车辆发生的交通责任事故(负同等及以上责任的交通事故)死亡人数,与辖区内城乡道路客运车辆数之比(单位:人/万车)。

②计算方法:

$$交通责任事故万车死亡率=\frac{城乡道路客运车辆交通责任事故死亡人数}{城乡道路客运车辆数/10000}$$

(2)车辆安全设施完备率B2。

①评价内容:城乡道路客运车辆车内安全设施完备率反映了城乡道路客运车辆的安全程度,评价城乡道路客运所配车型是否属于安全车型,并装备GPS、救援设备(破窗锤、灭火器)等安全防护设施设备。

②计算方法:

$$车辆安全设施完备率=\frac{配备安全设施的车辆数总数}{投入运营的城乡客运车辆数}\times 100\%$$

5.2.2.2　便利服务

(1)场站枢纽换乘衔接便捷率 B3。

①评价内容:统计期内,农村班线、城乡客运、城市公交、班线客运的站点之间能便捷换乘的比率。这个指标衡量一个地区城乡道路客运直达程度与线路布设的合理性,反映了乘车方便程度,是乘客乘坐城乡道路客运和线网结构换乘特性的综合反映。

②计算方法:

$$\text{场站枢纽换乘衔接便捷率} = \frac{\text{能便捷换乘的站点数量}}{\text{总站点数量}} \times 100\%$$

(2)相邻镇村直达率 B4。

①评价内容:评价相邻镇村有直达城乡道路客运线路的比例。这里相邻镇村定义为距离上相近又有一定客流联系需求的两个镇村,此指标在一定程度上反映了城乡道路客运网络化程度。

②计算方法:

$$\text{相邻镇村直达率} = \frac{\text{相邻镇村中有城乡道路客运线路直达的总对数}}{\text{相邻镇村的总对数}} \times 100\%$$

(3)信息服务一体化水平 B5。

①评价内容:提供及时准确的信息服务,是体现城乡道路客运服务便利性的评价指标之一。主要评价城乡道路客运体系能否有可靠的平台,为出行者提供及时准确的线路、监管、客票信息等。主要内容包括:

②具体内容:

a. 城乡道路客运信息通过互联网对外动态发布情况;

b. 城区内三级以上等级道路客运站公布可换乘的城市公交线路信息情况;

c. 交通运输服务监督电话的开通和运转情况;

d. 行政区实现道路客运联网售票或网络售票情况。

5.2.2.3　快捷服务

(1)高峰时段平均发车间隔 B6。

评价内容:由于城乡客流在时间上存在很大的不均匀性,出行高峰往往在一年的一些时间段(农忙时间、节假日、赶集时间等)和一天的某些时段(如7:00~9:00是进城高峰、上班上学时间),应实施车辆整体动态调度,增加在出行高峰时期的配车数。

因此,本指标用以评价县区内城乡道路客运高分时段平均发车时间间隔。

(2)平均运营速度 B7。

①评价内容:平均运营速度是一定的路网交通量下道路状况和城乡道路客运车辆行驶状况的综合反映,该指标反映道路上城乡公共客运车辆的实际运行情况,是道路系统、公交车辆系统和公交停靠站体系综合作用的结果,它综合反映了客运线网的系统性能与交通质量。城乡道路客运平均运营车速应由线路等级决定,线路等级越高,重要性越大,平均运营速度也相应越高。

②计算方法:

$$\text{平均运营速度} = \frac{1}{n}\sum_{i=1}^{n}\frac{\text{线路程度}}{\text{车辆行驶时间} + \text{站点停靠时间} + \text{末站调度回车时间}} \quad (\text{km/h})$$

式中:n——线路条数。

5.2.2.4 舒适服务

(1)车辆万人拥有率 B8。

①评价内容:车辆万人拥有率,指城乡道路客运车辆标台与区域内人口数之比,用以表示城乡道路客运服务地区人口和城乡道路客运车辆对社会需求的供给程度,是反映城乡道路客运实际能力的一个重要指标,衡量一个地区城乡道路客运的发展规模,是对城乡道路客运车辆配置的评价。

②计算方法:

$$\text{车辆万人拥有率} = \frac{\text{城乡道路客运车辆标台数}}{\text{区域内总人口}} (\text{标台/万人})$$

(2)高峰时段满载率 B9。

①评价内容:随着生活水平的提高,人们对客运出行的要求也越高,这就要求车厢内的拥挤不能超过一定限度。针对城乡客流在时间上存在不均匀性,舒适性主要通过高峰时段满载率体现。

②计算方法:

$$\text{高峰时段满载率} = \frac{\text{城乡道路客运车辆高峰时段实载总人数}}{\text{城乡道路客运车辆总核载数}} \times 100\%$$

5.2.2.5 经济服务

票价可接受度 B10。

①评价内容:经济性指标反映了城乡道路客运中旅客的经济效益。其中票价可接受度最能反映城乡道路客运系统的经济方面,是否能够吸引客流。

此指标为定性指标,因此可根据当地人均收入与票价的比例等因素来综合评价票价的合理性。

②具体内容:

a. 城乡公交票制、票价情况;

b. 农村客运票制、票价情况;

c. 五类人群免费或优惠乘车的政策扶持情况。

5.2.3 运营管理评价指标

5.2.3.1 运营模式一体化程度

城乡道路客运车辆公交化比率 C1。

①评价内容:行政区内城市公交车辆和公交化运营的城乡道路客运车辆数之和,占行政区内所有城乡道路客运车辆数的比例(单位:%)。

其中,城乡道路客运车辆包括城市公交车辆、城乡客运车辆、班车客运车辆和农村客运车辆(下同);公交化运营的城乡道路客运车辆是满足以下条件的客运车辆:票价标准低于普通农村客运班线的15%以上;有确定的首末班发车时间,线路日均发班次不低于6班;停靠途经建制村,在沿途停靠站点设置站牌并公布班次信息;全部农村客运车辆或在该条农村客运班线内统一服务标准、车型配置、外观标志和车内配套设施。

②计算方法:

$$\text{城乡道路客运车辆公交化比率} = \frac{\text{城市公交车辆数} + \text{公交化运营的城乡道路客运车辆数}}{\text{城乡道路客运车辆数}}$$

5.2.3.2 市场建设一体化程度

企业经营模式一体化程度 C2。

①评价内容:城乡道路客运经营发展模式通常有以公车公营为主的经营模式、以承包租赁为主的经营模式、以挂靠经营为主的经营模式与个体经营模式。

城乡道路客运经营模式的选取,有必要根据市场规律,让需求决定供给模式,在考虑可持续性的基础上,保证服务水平。各个区域应该有其主导的城乡道路客运经营模式,顺应未来客运企业规模化、集约化的发展趋势,同时应当结合实际情况,有差别地选择和进行各种经营方式的组合比选。在判定地区主体经营模式的基础上,从线路的微观特征角度进行线路经营模式探讨。公司化经营有助于促进现代企业制度在城乡道路客运企业中的建立和整个市场的健康发展,应该作为主体服务形式予以逐步建立;承包经营提高了司机的能动力,可以诱导线路客流的形成,有助于市场的开拓,应作为较好的发展模式灵活采用;"挂靠"形式弊端较多,应予以逐步消除。

②具体内容:

a. 城乡道路客运城镇、区镇线路采用的运营模式情况;

b. 县镇线路采取的运营模式情况;

c. 镇镇、镇村线路采用的运营模式情况;

d. 取消挂靠模式的情况。

5.2.3.3 发展政策一体化程度

发展政策一体化水平 C3。

①评价内容:城乡道路客运一体化的顺利实施,依赖于完备的发展政策。行之有效的发展政策给城乡道路客运一体化的正常运营提供了强有力的保障,因此,城乡道路客运发展政策的一体化发展水平,直接影响了城乡道路客运一体化的正常运营,在评价体系中是一个不可或缺的评价指标。

根据区域针对城乡道路客运一体化所有的政策法规,及其适用程度,综合评价该区域城乡道路客运发展政策的完备程度。

②具体内容:

a. 市县级行政区域建立综合交通管理体制和城乡道路客运一体化推进机制的情况;

b. 城乡道路客运一体化发展规划及场站专项规划编制情况;

c. 公交化运行的农村客运与城市公交在税费、财政补贴等方面的政策统一情况;

d. 市县级人民政府出台支持城乡道路客运一体化发展的政策情况。

第6章　城乡道路客运一体化评价指标评分标准

各地城乡道路客运一体化发展类型不同,采用的发展模式不同,在推进城乡道路客运一体化发展时的发展重点也不尽相同,因此,对采用不同发展模式的地区进行城乡道路客运一体化发展水平评价时应采用不同的评分标准。本章针对三种典型模式的典型特征与发展要求,分别制定评价标分,明确了各指标的评分方法和评分标准,用以准确细致的判断各地实际的发展水平和亟待提高的方向。

6.1　全域公交一体发展模式评分标准

6.1.1　设施建设评分标准

6.1.1.1　道路网络一体化程度

建制村公路通畅率 A1。

全域公交一体发展模式下,道路"通畅"的标准为:

①城市规划区内的道路按城市道路标准建设,城市拓展区的道路按城乡公交开行要求进行改造;

②非城市规划区内的道路按城市道路的功能和要求改造,包括设站、加路肩、人行道等,在新改建时同步配备以城乡公交为发展导向的城乡道路客运设施;

③公路与城市道路在建设衔接上标准统一,两套交通运输体系进行整合,建立一体化的功能道路运输体系。

该指标满分为100分,A1数值达100%时得满分,每降低1%(不足1%时四舍五入,下同)扣2分,扣完为止。

6.1.1.2　场站枢纽一体化程度

(1)城乡道路客运通达率A2。

以各类客运站点500m半径覆盖率计算。评分标准见表6-1。

城乡道路客运通达率指标评分标准　　表 6-1

得分	100 ~ 90	90 ~ 80	80 ~ 70	70 ~ 60	60 ~ 0
通达率(%)	≥90	≥80	≥70	≥60	<60

(2)基础设施筹建一体化水平 A3。

该项满分为 100 分,每一个新建、改扩建城市道路或公路项目与客运站点(包括简易站、招呼站、候车亭等)没有同步设计、同步建设、同步交付使用扣 5 分,扣完为止。行政区全面满足要求时得满分。

6.1.1.3　客运线网一体化程度

线网承载能力匹配度 A4。

评分标准见表 6-2。

线网承载能力匹配度指标评分标准　　表 6-2

得分	100 ~ 90	90 ~ 80	80 ~ 70	70 ~ 60	60 ~ 0
线网承载能力匹配度	≥1.2	≥1.1	≥1.0	≥0.8	<0.8

6.1.2　服务质量评分标准

6.1.2.1　安全服务

(1)交通责任事故万车死亡率 B1。

该指标满分为 100 分,数值为 0 时得满分,每增加 1 人/万车扣 1 分,扣完为止。

(2)车辆安全设施完备率 B2。

城乡道路客运所配车型属于安全车型,并都装备 GPS、救援设备(破窗锤、灭火器)等安全防护设施设备。评分标准如表 6-3 所示。

车辆安全设施完备率指标评分标准　　表 6-3

得分	100 ~ 90	90 ~ 80	80 ~ 70	70 ~ 60	60 ~ 0
车辆安全设施完备率(%)	≥95	≥90	≥85	≥80	<80

6.1.2.2　便利服务

(1)场站枢纽换乘衔接便捷率 B3。

全域公交一体发展模式中,主要考虑的是区县中各类客运站与城乡公交两者之间的换乘距离小于 500m 或者换乘时间小于 5min 的站点的比例。

评分标准见表 6-4。

场站枢纽换乘衔接便捷率指标评分标准　　表 6-4

得分	100～90	90～80	80～70	70～60	60～0
场站枢纽换乘衔接便捷率(%)	≥90	≥80	≥70	≥60	<60

(2)相邻镇村直达率 B4。

全域公交一体发展模式中,由于客运出行需求较大,相邻镇村、社区之间线路直达率应处于较高水平,否则会造成相近镇村、社区乘客近距离出行不便。

评分标准见表 6-5。

相邻镇村直达率指标评分标准　　表 6-5

得分	100～90	90～80	80～70	70～60	60～0
相邻城镇直达率(%)	≥90	≥80	≥70	≥60	<60

(3)信息服务一体化水平 B5。

本指标包括四项内容,其中:

①城乡道路客运信息通过互联网对外动态发布。该项满分为 25 分;

②市县城区内三级以上等级道路客运站公布可换乘的城市公交线路信息。该项满分为 25 分。没有三级以上等级道路客运站的为 0 分;

③开通统一的交通运输服务监督电话,并保持良好运转。该项满分为 25 分;

④行政区全面实现道路客运联网售票或网络售票。该项满分为 25 分。

四项内容,满足一项,得相应的分数;满分 100 分,行政区全面满足要求时得满分。

6.1.2.3　快捷服务

(1)高峰时段平均发车间隔 B6。

全域公交一体发展模式中,多数为公交线路或公交化改造的城乡道路客运线路,一般对于客流量强度大的线路高峰发车间隔可为 3～5min。

评分标准见表 6-6。

高峰时段平均发车间隔指标评分标准　　表 6-6

得分	100～90	90～80	80～70	70～60	60～0
高峰时段平均发车间隔(min)	<3	<5	<8	<10	≥10

(2)平均运营速度 B7。

采用全域公交一体发展模式的区县,一般为经济较为发达,交通量较大地区,部分道路容易发生拥堵现象,因此,城乡道路客运干线运营速度能保持在 30～35km/h,则能实现城镇间快速联系功能;考虑到城市交通情况复杂,城市区域内公交线路重要是提高覆盖率,运营速度可降至 20～30km/h。

城乡道路客运运营速度受到行驶道路等级、道路交通量、停靠站点数量等多种因素影响，一定的车速也反映了道路公交优先实施程度。

评分标准见表6-7。

平均运营速度指标评分标准　　表6-7

得分	100～90	90～80	80～70	70～60	60～0
平均运营速度(km/h)	≥35	≥30	≥25	≥20	<20

6.1.2.4　舒适服务

(1)车辆万人拥有率B8。

采用全域公交一体发展模式的区县，人口集聚，城镇化率较高，出行需求较大，对城乡客运车辆的需求也相对较高，主要采用的为公交车型。

评分标准见表6-8。

车辆万人拥有率指标评分标准　　表6-8

得分	100～90	90～80	80～70	70～60	60～0
车辆万人拥有率(标台/万人)	≥10.0	≥8.5	≥7.0	≥5.5	<4

(2)高峰时段满载率B9。

采用全域公交一体发展模式的区县，人们对公交出行需求较多，针对此类地区的特点，高峰时段满载率要求可稍微放低，一般不应高于150%。

评分标准见表6-9。

高峰时段满载率指标评分标准　　表6-9

得分	100～90	90～80	80～70	70～60	60～0
高峰时段满载率(%)	<80	<100	<120	<150	≥150

6.1.2.5　经济服务

票价可接受度B10。本指标包括三项内容，其中：

①全域城乡公交享有低票价，该项满分为30分；

②城市规划区内，实行一票制或计程收费制(按计费区收费)；城市规划区外，实行计程收费制(按实际乘距收费)，该项满分为30分；

③五类人群免费或优惠乘车的政策扶持。该项满分为40分。

三项内容，满足一项，得相应的分数；满分100分，行政区全面满足要求时得满分。

6.1.3　运营管理评分标准

6.1.3.1　运营模式

城乡道路客运车辆公交化比率C1。

该指标满分为100分,数值达100%时得满分,每降低1%扣2分,扣完为止。行政区内全域都开通了城市公交的,该项指标默认满分。

6.1.3.2　市场建设

企业经营模式一体化程度C2。本指标包括四项内容,其中:

①城乡道路客运城镇、区镇线路采用公车公营模式,该项满分为25分;

②县镇、镇镇、镇村线路采取公司化经营模式,该项满分为25分;

③取消承包模式,该项满分为25分;

④取消挂靠模式,该项满分为25分。

本评分指标满分100分,根据上述标准,可以定性的评价某区域城乡道路客运体系企业经营模式一体化程度,并给予打分,行政区全面满足要求时得满分。

6.1.3.3　发展政策

发展政策一体化水平C3。

本指标包括四项内容,其中:

①市县级行政区域建立了"一城一交"的综合交通管理体制和城乡道路客运一体化多部门联合推进机制,该项满分为20分;

②市县级人民政府编制了市县级行政区城乡道路客运一体化发展规划及场站专项规划,主要指标纳入城乡规划统筹实施,该项满分为20分;

③市县级人民政府统一了公交化运行的农村客运与城市公交在税费、财政补贴等方面的政策,该项满分为30分;

④市县级人民政府出台了支持城乡道路客运一体化发展的政策,包括交通基础设施用地安排,道路通行管理,以及场站建设、车辆购置、票价优惠、政策性亏损的财政补贴等方面。该项满分为30分。

四项内容,满足一项,得相应的分数,满分100分,行政区全面满足要求时得满分。

6.2　城乡客运协同发展模式评分标准

6.2.1　设施建设评分标准

6.2.1.1　道路网络一体化程度

建制村公路通畅率A1。

城乡客运协同发展模式中，道路"通畅"的标准为：通达建制村路面类型为有铺装路面（沥青混凝土、水泥混凝土路面）、简易铺装路面（沥青贯入式、沥青碎石、沥青表面处治路面）和其他硬化路面（石质路面[含弹石、条石等]、混凝土预制块路面、砖铺路面等）。

该指标满分为100分，A1数值达100%时得满分，每降低1%（不足1%时四舍五入，下同）扣2分，扣完为止。行政区内没有建制村的，该项指标默认满分。

6.2.1.2 场站枢纽一体化程度

（1）城乡道路客运通达率A2。

城乡客运协同发展模式中，城市公交、城乡客运、农村班线并存，因此，评价发展此模式的区县，在城市规划区内，则按各类客运站点500m半径覆盖率计算；在城市规划区外，按照行政村委会所在地在通达城乡道路客运班线的站点2km覆盖范围内，即为通达来计算，并以面积计算权重，最终得出整个区域的通达率。

评分标准见表6-10。

城乡道路客运通达率指标评分标准　　表6-10

得分	100～90	90～80	80～70	70～60	60～0
通达率（%）	≥90	≥80	≥70	≥60	<60

（2）基础设施筹建一体化水平A3。

该项满分为100分，每一个新建、改扩建城市道路或公路项目与客运站点（包括简易站、招呼站、候车亭等）没有同步设计、同步建设、同步交付使用扣5分，扣完为止。行政区全面满足要求时得满分。

6.2.1.3 客运线网一体化程度

线网承载能力匹配度A4。

评分标准见表6-11。

线网承载能力匹配度指标评分标准　　表6-11

得分	100～90	90～80	80～70	70～60	60～0
线网承载能力匹配度	≥1.2	≥1.1	≥1.0	≥0.8	<0.8

6.2.2 服务质量评分标准

6.2.2.1 安全服务

（1）交通责任事故万车死亡率B1。

该指标满分为100分,数值为0时得满分,每增加1人/万车扣1分,扣完为止。

(2)车辆安全设施完备率B2。

城乡道路客运所配车型属于安全车型,并都装备GPS、救援设备(破窗锤、灭火器)等安全防护设施设备。

评分标准见表6-12。

车辆安全设施完备率指标评分标准 表6-12

得分	100～90	90～80	80～70	70～60	60～0
车辆安全设施完备率(%)	≥90	≥85	≥80	≥75	<75

6.2.2.2 便利服务

(1)场站枢纽换乘衔接便捷率B3。

城乡客运协同发展模式中,各种客运方式并存,因此,平均换乘系数一般不宜低于80%,否则会造成出行时耗和费用增大,降低城乡道路客运的吸引力。其中,能便捷换乘的站点是指各类城乡客运站与农村班线、城乡客运、城市公交之间的换乘距离小于500m或者换乘时间小于5min的站点。

评分标准见表6-13。

场站枢纽换乘衔接便捷率指标评分标准 表6-13

得分	100～90	90～80	80～70	70～60	60～0
场站枢纽换乘衔接便捷率(%)	≥90	≥80	≥70	≥60	<60

(2)相邻镇村直达率B4。

城乡客运协同发展模式中,经济发展水平一般,镇村的主要出行需求都集中在镇村与中心城市之间,相邻镇村、社区之间出行需求一般,因此,线路直达率还处于一般水平。

评分标准见表6-14。

相邻镇村直达率指标评分标准 表6-14

得分	100～90	90～80	80～70	70～60	60～0
相邻城镇直达率(%)	≥80	≥70	≥60	≥50	<50

(3)信息服务一体化水平B5。

本指标包括四项内容,其中:

①城乡道路客运信息通过互联网对外动态发布,该项满分为25分;

②市县城区内三级以上等级道路客运站公布可换乘的城市公交线路信息,该项满分为25分,没有三级以上等级道路客运站或没有开通城市公交

的均为 0 分；

③开通统一的交通运输服务监督电话，并保持良好运转，该项满分为 25 分；

④行政区全面实现道路客运联网售票或网络售票，该项满分为 25 分。

四项内容，满足一项，得相应的分数，满分 100 分，行政区全面满足要求时得满分。

6.2.2.3 快捷服务

(1)高峰时段平均发车间隔 B6。

城乡客运协同发展模式中，各种客运方式并存，各类型的线路高峰时段平均发车间隔可以根据线路等级、长度、高峰时段客流量等因素而有所差异，农村客运班线的客流量较小，发车间隔较城市公交来说较大，因此，此模式对于客流量强度大的线路高峰发车间隔可为 6 ~ 10min。

评分标准见表 6-15。

高峰时段平均发车间隔指标评分标准 表 6-15

得分	100 ~ 90	90 ~ 80	80 ~ 70	70 ~ 60	60 ~ 0
高峰时段平均发车间隔(min)	<6	<8	<10	<15	≥15

(2)平均运营速度 B7。

城乡客运协同发展模式中，城乡道路客运运营速度受到行驶道路等级、道路交通量、停靠站点数量等多种因素影响。城乡道路客运干线运营速度在 30 ~ 40km/h，主要实现城镇间快速联系功能，城乡道路客运支线主要是提高覆盖率，运营速度可降至 20 ~ 30km/h。

评分标准见表 6-16。

平均运营速度指标评分标准 表 6-16

得分	100 ~ 90	90 ~ 80	80 ~ 70	70 ~ 60	60 ~ 0
平均运营速度(km/h)	≥40	≥35	≥30	≥20	<20

6.2.2.4 舒适服务

(1)车辆万人拥有率 B8。

城乡客运协同发展模式中，城市公交车辆和城乡客运班线车辆同时存在，评分时要折合成标台数进行计算。

评分标准见表 6-17。

车辆万人拥有率指标评分标准 表 6-17

得分	100 ~ 90	90 ~ 80	80 ~ 70	70 ~ 60	60 ~ 0
车辆万人拥有率(标台/万人)	≥4.0	≥3.5	≥3.0	≥2.5	<2.5

(2)高峰时段满载率 B9。

随着城乡居民生活水平的提高,人们对公交出行的要求也越高,这就要求车厢内的拥挤不能超过一定限度。此模式,存在农村班线客运,运营时不能超过座位核载数,因此应综合考虑城市公交与农村班线客运的比例情况,一般不应高于 120%。

评分标准见表 6-18。

高峰时段满载率指标评分标准　　表 6-18

得分	100 ~ 90	90 ~ 80	80 ~ 70	70 ~ 60	60 ~ 0
高峰时段满载率(%)	<80	<90	<100	<120	≥120

6.2.2.5　经济服务

票价可接受度 B10。本指标包括三项内容,其中:

①城市公交和公交化的农村客运班线享有低票价,实行一票制或计程收费制(按计费区收费),该项满分为 30 分;

②农村客运享有低票价,实行计程收费制(按实际乘距收费)该项满分为 30 分;

③五类人群免费或优惠乘车的政策扶持。该项满分为 40 分。

三项内容,满足一项,得相应的分数,满分 100 分,行政区全面满足要求时得满分。

6.2.3　运营管理评分标准

6.2.3.1　运营模式

城乡道路客运车辆公交化比率 C1。

该指标满分为 100 分,数值达 100% 时得满分,每降低 1% 扣 1 分,扣完为止。

6.2.3.2　市场建设

企业经营模式一体化程度 C2。本指标包括四项内容,其中:

①城乡道路客运城镇、区镇线路采用公车公营模式,该项满分为 25 分;

②县镇线路采取公司化经营模式,该项满分为 25 分;

③镇镇、镇村路采用承包模式,该项满分为 25 分;

④取消挂靠模式,该项满分为 25 分。

本评价指标满分 100 分,根据上述标准,可以定性的评价某区域城乡道路客运体系企业经营模式一体化程度,并给予打分,行政区全面满足要求时得满分。

6.2.3.3　发展政策

发展政策一体化水平 C3。本指标包括四项内容，其中：

①市县级行政区域建立了“一城一交”的综合交通管理体制和城乡道路客运一体化多部门联合推进机制，该项满分为 20 分；

②市县级人民政府编制了市县级行政区城乡道路客运一体化发展规划及场站专项规划，主要指标纳入城乡规划统筹实施，该项满分为 20 分；

③市县级人民政府统一了公交化运行的农村客运与城市公交在税费、财政补贴等方面的政策，该项满分为 30 分；

④市县级人民政府出台了支持城乡道路客运一体化发展的政策，包括交通基础设施用地安排，道路通行管理，以及场站建设、车辆购置、票价优惠、政策性亏损的财政补贴等方面，该项满分为 30 分。

四项内容，满足一项，得相应的分数，满分 100 分，行政区全面满足要求时得满分。

6.3　城乡客运服务全覆盖模式评分标准

6.3.1　设施建设评分标准

6.3.1.1　道路网络一体化程度

建制村公路通畅率 A1。

城乡客运服务全覆盖模式中，“通畅”的标准为：通达建制村路面类型为有铺装路面（沥青混凝土、水泥混凝土路面）、简易铺装路面（沥青贯入式、沥青碎石、沥青表面处治路面）和其他硬化路面（石质路面[含弹石、条石等]、混凝土预制块路面、砖铺路面等）。

该指标满分为 100 分，A1 数值达 100% 时得满分，每降低 1%（不足 1% 时四舍五入，下同）扣 2 分，扣完为止。行政区内没有建制村的，该项指标默认满分。

6.3.1.2　场站枢纽一体化程度

（1）城乡道路客运通达率 A2。

城乡客运服务全覆盖模式中，城市公交、城乡客运、农村班线并存，因此，评价发展此模式的区县，在城市规划区内，则按各类客运站点 500m 半径覆盖率计算；在城市规划区外，按照行政村委会所在地在通达城乡道路客运班线的站点 2km 覆盖范围内，即为通达来计算，并以面积计算权重，最终得出整个区域的通达率。

评分标准见表 6-19。

城乡道路客运通达率指标评分标准　　表 6-19

得分	100～90	90～80	80～70	70～60	60～0
通达率(%)	≥90	≥80	≥70	≥60	<60

(2)基础设施筹建一体化水平 A3。

该项满分为 100 分，每一个新建、改扩建城市道路或公路项目与客运站点(包括简易站、招呼站、候车亭等)没有同步设计、同步建设、同步交付使用扣 5 分，扣完为止。行政区全面满足要求时得满分。

6.3.1.3　客运线网一体化程度

线网承载能力匹配度 A4。

评分标准见表 6-20。

线网承载能力匹配度指标评分标准　　表 6-20

得分	100～90	90～80	80～70	70～60	60～0
线网承载能力匹配度	≥1.2	≥1.1	≥1.0	≥0.8	<0.8

6.3.2　服务质量评分标准

6.3.2.1　安全服务

(1)交通责任事故万车死亡率 B1。

该指标满分为 100 分，数值为 0 时得满分，每增加 1 人/万车扣 1 分，扣完为止。

(2)车辆安全设施完备率 B2。

评分标准见表 6-21。

车辆安全设施完备率指标评分标准　　表 6-21

得分	100～90	90～80	80～70	70～60	60～0
车辆安全设施完备率(%)	≥90	≥85	≥80	≥75	<75

6.3.2.2　便利服务

(1)场站枢纽换乘衔接便捷率 B3。

一般采用城乡客运服务全覆盖模式的县区，基础设施建设情况较差，衔接程度还处于一般水平，因此，能便捷换乘的站点是指各类城乡客运站与农村班线、城乡客运、城市公交之间的换乘距离小于800m或者换乘时间小于10min的站点。

评分标准见表6-22。

场站枢纽换乘衔接便捷率指标评分标准 表6-22

得分	100~90	90~80	80~70	70~60	60~0
场站枢纽换乘衔接便捷率(%)	≥80	≥70	≥60	≥50	<50

(2)相邻镇村直达率B4。

城乡客运服务全覆盖模式中,经济发展水平较差,城乡居民的主要出行需求都集中在乡镇与村、乡镇与中心城市之间,相邻镇村、社区之间出行需求一般,因此,线路直达率还处于较低水平。

评分标准见表6-23。

相邻镇村直达率指标评分标准 表6-23

得分	100~90	90~80	80~70	70~60	60~0
相邻城镇直达率(%)	≥60	≥50	≥40	≥30	<30

(3)信息服务一体化水平B5。

本指标包括四项内容,其中:

①城乡道路客运信息通过互联网对外动态发布,该项满分为25分;

②市县城区内三级以上等级道路客运站公布可换乘的城市公交线路信息,该项满分为25分,没有三级以上等级道路客运站或没有开通城市公交的均为0分;

③开通统一的交通运输服务监督电话,并保持良好运转,该项满分为25分;

④行政区全面实现道路客运联网售票或网络售票,该项满分为25分。

四项内容,满足一项,得相应的分数,满分100分,行政区全面满足要求时得满分。

6.3.2.3 快捷服务

(1)高峰时段平均发车间隔B6。

城乡客运服务全覆盖模式中,各类型的各条线路高峰时段平均发车间隔可以根据线路等级、长度、高峰时段客流量等因素而有所差异,由于此模式一般出行需求较少,客流量较小,因此对于客流量强度大的线路高峰发车间隔可为10~15min。

评分标准见表6-24。

高峰时段平均发车间隔指标评分标准　　表6-24

得分	100～90	90～80	80～70	70～60	60～0
高峰时段平均发车间隔(min)	<10	<12	<14	<16	≥16

(2)平均运营速度B7。

城乡客运服务全覆盖模式中,一般来说,道路条件较差,城乡道路客运干线运营速度在30～40km/h,主要实现城镇间快速联系功能,城乡道路客运支线重要是提高覆盖率,运营速度可降至20～30km/h。

评分标准见表6-25。

平均运营速度指标评分标准　　表6-25

得分	100～90	90～80	80～70	70～60	60～0
平均运营速度(km/h)	≥40	≥35	≥30	≥20	<20

6.3.2.4　舒适服务

(1)车辆万人拥有率B8。

城乡客运服务全覆盖模式中,城市公交车辆和城乡客运班线车辆同时存在,评分时要折合成标台数进行计算。

评分标准见表6-26。

车辆万人拥有率指标评分标准　　表6-26

得分	100～90	90～80	80～70	70～60	60～0
车辆万人拥有率(标台/万人)	≥4.0	≥3.5	≥3.0	≥2.5	<2.5

(2)高峰时段满载率B9。

城乡客运服务全覆盖模式中,农村班线客运比例较大,运营时不能超过核定座位数,因此应综合考虑城市公交与农村班线客运的规定核载情况,一般不应高于100%。

评分标准如表6-27所示。

高峰时段满载率指标评分标准　　表6-27

得分	100～90	90～80	80～70	70～60	60～0
高峰时段满载率(%)	<80	<90	<95	<100	≥100

6.3.2.5　经济服务

票价可接受度B10。本指标包括三项内容,其中:

①城市公交享有低票价,实行一票制或计程收费制(按计费区收费),该项满分为30分;

②农村客运享有低票价,实行计程收费制(按实际乘距收费),该项满

分为 30 分；

③五类人群免费或优惠乘车的政策扶持，该项满分为 40 分。

三项内容，满足一项，得相应的分数，满分 100 分，行政区全面满足要求时得满分。

6.3.3 运营管理评分标准

6.3.3.1 运营模式

城乡道路客运车辆公交化比率 C1。

该指标满分为 100 分，数值达 100% 时得满分，每降低 1% 扣 0.5 分，扣完为止。

6.3.3.2 市场建设

企业经营模式一体化程度 C2。本指标包括四项内容，其中：

①城乡道路客运城镇、区镇线路采用公车公营模式，该项满分为 25 分；

②县镇线路采取公司化经营模式，该项满分为 25 分；

③镇镇、镇村路采用承包模式，该项满分为 25 分；

④取消挂靠模式，该项满分为 25 分。

本评分指标满分 100 分，根据上述标准，可以定性的评价某区域城乡道路客运体系企业经营模式一体化程度，并给予打分，行政区全面满足要求时得满分。

6.3.3.3 发展政策

发展政策一体化水平 C3。本指标包括四项内容，其中：

①市县级行政区域建立了“一城一交”的综合交通管理体制和城乡道路客运一体化多部门联合推进机制，该项满分为 20 分；

②市县级人民政府编制了市县级行政区城乡道路客运一体化发展规划及场站专项规划，主要指标纳入城乡规划统筹实施，该项满分为 20 分；

③市县级人民政府统一了公交化运行的农村客运与城市公交在税费、财政补贴等方面的政策，该项满分为 30 分；

④市县级人民政府出台了支持城乡道路客运一体化发展的政策，包括交通基础设施用地安排，道路通行管理，以及场站建设、车辆购置、票价优惠、政策性亏损的财政补贴等方面，该项满分为 30 分。

四项内容，满足一项，得相应的分数，满分 100 分，行政区全面满足要求时得满分。

第 7 章　城乡道路客运一体化发展水平评价方法研究

本章拟建立城乡道路客运一体化评价模型，定出评语集，研究评价的方法、程序、结果的表现形式和结果的应用与奖惩途径，并给出评价工作的保障措施。

7.1　城乡道路客运一体化发展评价模型建立

7.1.1　评价指标体系

结合城乡道路客运的特点和城乡道路客运一体化实施评价的主要内容(表 7-1)，可以建立起综合评价指标体系。据此进行城乡道路客运一体化发展评价，就能全面反映地区城乡道路客运一体化实现程度。

城乡道路客运一体化评价指标体系　　表 7-1

	一 级 指 标	二 级 指 标	三 级 指 标
城乡道路客运一体化评价指标体系	设施建设评价	道路网络一体化	建制村公路通畅率
		场站枢纽一体化	城乡道路客运通达率
			基础设施筹建一体化水平
		客运线网一体化	线网承载能力匹配度
	服务质量评价	安全服务	交通责任事故万车死亡率
			车辆安全设施完备率
		便利服务	场站枢纽换乘衔接便捷率
			相邻镇村直达率
			信息服务一体化水平
		快捷服务	高峰时段平均发车间隔
			平均运营速度
		舒适服务	车辆万人拥有率
			高峰时段满载率
		经济服务	票价可接受度
	运营管理评价	运营模式一体化	城乡道路客运车辆公交化比率
		市场建设一体化	企业经营模式一体化程度
		发展政策一体化	发展政策一体化水平

7.1.2 评价指标值的无量纲化

首先根据前文提出的各评价指标评价方式，计算各个评价指标的评价值，再运用评价指标（定性和定量）无量纲化计算方法，对指标进行无量纲化。

7.1.3 建立评语集

由于涉及技术、经济等不同领域，为全面、真实地反映城乡道路客运发展水平的实际情况，要建立各个指标的评价标准。首先将评语集分成不同的等级，一般分为“优”“良”“中等”“较差”“极差”五个等级，再将这些评价等级构成评价域，根据专家调查的结果，采用统计分析方法确定各项指标的评价标准值，见表7-2。

城乡道路客运一体化发展水平评价指标评价标准　　表7-2

综合评价情况	优	良	中等	较差	极差
评分取值标准	100 ~ 80	80 ~ 60	60 ~ 40	40 ~ 20	20 ~ 0

7.1.4 确定评价指标的隶属度并计算指标值的权重

在进行模糊综合评价前，首先应确定评价指标对每个选择等级的隶属度 r_{ijt}。根据参与调查的专家按照表7-2的评语集给出等级，分别统计各指标属于每个评价等级的频数 k_{ijt}，据此计算出每个指标的单因素评价集为：

$$r_{ijt}=\{(k_{ij1}/n),(k_{ij2}/n),(k_{ij3}/n),(k_{ij4}/n),(k_{ij5}/n)\},$$

其中 n 为调查的专家的个数。

根据专家调查的结果，采用统计分析方法确定各项指标的评价标准值，运用层次分析法计算出各子目标在综合评价中的权重。

7.1.5 进行综合评价

假设评价问题的评价目标为 B（综合评价值），相应的评价指标（规范化）矩阵为 $Q=\{x_1,x_2,x_3,\cdots,y_1,y_2,y_3,\cdots,z_1,z_2,z_3,\cdots\}$，相应的权重矩阵为 $W=\{w_1,w_2,\cdots,w_m\}$。

$$B=Q\cdot W^T=\sum_{i=1}^{i}x_iw_i+\sum_{j=1}^{j}y_jw_j+\sum_{l=1}^{l}z_lw_l+\sum_{h=1}^{h}v_hw_h$$

式中：x_i,y_j,z_l,v_h——各制约因素的评价值；

w_m——各制约因素相应的权重。

B 为城乡道路客运一体化发展水平评价的进行最终综合评价结果，评价标准见表7-2。

7.2 城乡道路客运一体化发展评价实施办法

7.2.1 实施评价的总体思路

(1)评价目标：为何评。

城乡道路客运一体化发展评价的目的在于：通过对评价对象在城乡道路客运一体化方面的若干指标的定性与定量分析，总结经验，发现不足，严格监督城乡道路客运一体化实施过程，合理控制城乡道路客运一体化的发展进程，科学规划城乡道路客运一体化方案，全面推进城乡道路客运统筹发展，提升城乡交通运输公共服务能力，为改善民生发挥更大的作用，使人民群众有更多的获得感。

(2)评价主体：谁来评。

从评价的组织实施来看，城乡道路客运一体化发展评价的主体应为地市交通运输部门、省级交通管理部门、交通运输部三级部门。

(3)评价依据：凭什么来评。

本评价指标和标准的制定，是以《中华人民共和国道路运输条例》《城市公共交通条例》《关于积极推进城乡客运一体化发展的意见》为政策法规依据，以《城乡道路客运一体化发展水平评价指标体系》和《城乡道路客运一体化发展水平评价规范》为定性定量分析基础的。

(4)评价原则：需把握的要点。

①公平原则。评价的内容明确，评价的标准统一，标准细化并易于操作，减少人为主观因素的影响；以日常检查、定期检查的结果作为评价的重要依据，同时评价由自查、检查和抽查层层开展，综合各级运输管理机构的意见。

②公开原则。评价工作有明确的程序，过程公开，形成初步意见后，与相关单位交换意见，保证评价的透明度和公正性。

③客观原则。全国各地城乡道路客运一体化建设情况差异性较大，针对各地的工作具体内容和个别差异，可根据客观实际对评价内容作适当的调整。

7.2.2 评价方法

城乡道路客运一体化发展评价的实施,从评价方法来说,可以采取立体评价、动态评价以及多元化评价的方式;从评价结果的呈现来说,既要有定量的评价也要有定性的评价,定量评价为主,定性评价为辅。

(1)实行立体评价。

所谓立体评价即分层面、分类别地实施评价。搭建相对客观的评价平台,全方位多角度反映城乡道路客运一体化的发展状态,促进城乡道路客运一体化的发展。

①分层面评价。城乡道路客运一体化发展评价的实施,可以从四个层面来进行,即把城乡道路客运一体化放在国家层面、省市层面、同类区域层面、本区域原有发展基础层面等四个层面来进行评价。

第一层面:将本地区情况置于全国层面实施评价。

第二层面:将本地区情况置于省市层面进行评价。

第三层面:将本地区情况置于同类区域层面进行评价。

第四层面:将本地区情况置于本区域原有发展基础层面进行评价。

②分类别评价。根据地域经济发展、城乡道路客运一体化发展类型、模式、政策等的差异,将相对同等条件的城乡道路客运一体化的地区或者省份分组类实施评价。

(2)实行动态目标评价。

根据评价对象的基础变化和实际发展程度,制定切合实际和适应时代要求的发展性质量指导目标,实施客观发展与理想发展相结合的动态目标管理评价。

(3)实行多元化评价。

建立交通运输部、省、市等共同参与、交互作用的多元化管理评价机制,促使管理评价对象融为管理评价主体,促使管理评价主体间的互动,使管理评价过程逐步科学化、民主化、人文化、社会化,并在未来逐步建立以省市评价为主,交通运输部督查相结合的管理评价制度。

7.2.3 评价程序

从评价的组织实施来看,城乡道路客运一体化发展评价可以采用三级评级制度,即以地市交通部门自评为基础,以省级交通部门综合评价为主要组织方式,以交通运输部评价为补充。各层级具体评价内容如下。

(1)地市交通运输部门自评。

地市交通运输部门组织自评小组,制定自评相关制度和具体操作细则,每两年依据《城乡道路客运一体化发展水平评价指标体系》和《城乡道路客运一体化发展水平评价规范》,对本市城乡道路客运一体化发展现状进行自评,确定自评分数,并写出自评报告。

(2)省级交通管理部门综合评价。

采用实地勘察调研、横向对比,对被评城市或者地区做出评价。

(3)交通运输部评价。

交通运输部相关部门对各省市城乡道路客运一体化的发展予以评价和指导。

7.2.4 评价结果呈现

城乡道路客运一体化发展评价结果体现为最后的评价报告,报告应坚持定性与定量相结合,既以量化评价的形式呈现,又以质性评价的形式呈现,力求客观、公正、准确评价每一个评价指标的发展。

(1)量化评价。量化评价结果以分数的形式呈现,包括市交通部门评价分数、省级评价分数和交通运输部分数。

(2)质性评价。质性评价结果以综合性评语的形式呈现,对城乡道路客运一体化工作进行全面的概述,肯定取得的成绩,指出存在的不足和问题,提出加快发展的建议和要求。

(3)评价报告包括下列内容。

①基本情况:包括所在地区和城市城乡道路客运一体化发展的基础设施、运输服务、政策执行等情况;

②分类和综合评价意见;

③问题与建议。

7.2.5 评价结果奖惩

(1)评价结果。

考核结果分为A(优,80分以上)、B(良,80~60分)、C(中,60~40分)、D(差,40分以下)四个等级。

各地区评价考核结果将与城乡道路客运专项资金安排和交通运输行业

相关表彰、评优活动挂钩。

(2)奖惩措施。

①表彰奖励。对考核等级为 A 和 B 的地区,结合地方及交通运输行业表彰活动进行表彰奖励。

②惩罚措施。对考核等级为 D 的交通运输部门,不得参加年度各类评奖、相关责任人不得参加年度各类评奖及授予荣誉称号等。

③其他措施。对在城乡道路客运一体化评价考核工作中瞒报、谎报情况的地区,予以通报批评;对直接责任人员追究责任。

考核等级为 D 的各级交通运输主管部门,应在评价考核结果后一个月内向所在地人民政府和上级交通运输主管部门做出书面报告,提出限期整改措施。

7.3 城乡道路客运一体化发展评价工作保障措施

7.3.1 体制保障

各级交通运输主管部门要加快建立城乡道路客运一体化发展水平评价制度,定期对辖区内城乡道路客运一体化发展情况实施考核评价,并向社会公布。

对于这项复杂的系统工作,需要各级交通运输主管部门高度重视,积极争取当地政府和有关部门支持,切实加强组织领导。在此基础上,逐步建立、健全评价的机构、人员,加强对城乡道路客运一体化评价的统筹指导,为评价的实施提供组织保障。

7.3.2 机制保障

评价的目的在于总结经验,查找问题,促进工作,这就要求评价要和表彰、奖励或处罚有效地结合起来,形成激励约束机制。各级交通运输部门应强化监督管理,认真督促下级单位积极开展城乡道路客运一体化工作,奖优罚劣,促进各地城乡道路客运一体化事业健康、稳定、协调发展。

7.3.3 资金保障

加大对评价工作的资金投入是做好评价工作的重要保障因素。应当积极组织研究保障评价实施的资金投入机制，如果可能，探索形成定期的专项经费投入机制，以促进城乡道路客运一体化评价的工作的开展，使整个城乡道路客运一体化工作的效果进一步体现出来，实现行业的高效可持续发展。

7.3.4 舆论保障

利用各类可行的媒体及各种方式，在全行业广泛、深入、持久地开展城乡道路客运一体化评价的宣传和培训活动。加大宣传力度，不但宣传城乡道路客运一体化的重要意义，同时还要宣传评价工作对城乡道路客运一体化，并开展经常性的城乡道路客运一体化评价经验信息交流活动，调动各方面推进城乡道路客运一体化的积极性，为行业作好城乡道路客运一体化评价工作提供坚实的基础保障。

第8章 城乡道路客运一体化评价案例实证分析

8.1 全域公交一体化发展模式案例——江苏省溧阳市

8.1.1 溧阳市简介

溧阳隶属于江苏常州市，位于苏浙皖三省交界处，是江苏西南的门户城市，属上海经济区，是宁杭经济带区域中心城市及长三角都市圈重要节点城市。距上海、杭州200km，距南京、苏州、张家港百余千米，距南京禄口国际机场80km，距常州机场60多千米，建有宁杭高铁线路溧阳站、瓦屋山站。总面积1535km^2，总人口79.39万，辖10个镇（2个省级开发区），175个行政村。溧阳物产丰富，是著名的“鱼米之乡”“丝绸之乡”“茶叶之乡”，经济连续多年名列全国百强县（市）。

近年来，遵循国家、江苏省关于“基础设施向农村延伸、交通公共服务向农村覆盖”的决策部署，溧阳市坚持把发展城乡道路客运纳入基本公共服务均等化的总体布局，强化政策支持，加大资金投入，加快建设步伐，建管养并重、路运站并举，努力让农民群众享受到与城里居民一样的公共交通服务，城市公交、市镇公交、镇村公交三位一体的“全域公交一体化发展”格局初步形成。

8.1.2 溧阳市城乡道路客运一体化类型划分及模式选择

8.1.2.1 主体指标分析

（1）区域经济发展水平。

2014年，溧阳市人均GDP达到94224元。全年实现地区生产总值（GDP）达716.29亿元。全市财政总收入突破100亿元，达102.09亿元，其中公共财政预算收入50.62亿元；工业总产值、产品销售收入分别达2000.79亿元、1969.5亿元；建筑业完成施工总产值590.8亿元；全社会固定资产投资438亿元；外贸进出口总额10.22亿美元。城镇居民人均可支配收入、农民人均纯收入2015年分别达到39100元、20050元。

（2）区域社会发展水平。

截止到2015年中期，溧阳全市城镇化率达59%左右，到2015年年底，全市城镇化率将达到60%。常住人口76.02万人，其中城镇人口45.61万人，比上年提高2个百分点。随着城市化、工业化的发展，溧阳市农村人口不断地涌向城镇，造成城镇各方面的压力加大。

（3）区域人口分布情况。溧阳市农民居住的集中程度较高，2014年，人口密度为517.31人/km^2，全市总户数为264905户，总人口为789928人，总户数前三位的分别是溧城镇83201户、上兴镇27004户、南渡镇25052户。总人口前三位的分别是溧城镇246299人、上兴镇79525人、南渡镇74474人。人口变动情况相对比较平稳，人口由农村向城镇流动。

（4）道路交通发展水平。

到2014年年底，溧阳市公路通车里程3237.6km，其中高速公路56.8km，一级公路140.78km，二级公路263.2km，三级公路809km，四级公路1967.8km。公路面积密度为210.7km/100km^2，公路通达深度、密度、等级标准居全省前列。实现了市到镇通一级以上公路，镇到镇通二级以上公路，镇到行政村通四级以上公路，各镇（区）主要节点10min之内上高速的目标。全市175个行政村和市域内中小学、敬老院、中心医疗点等全部通上了6m以上的沥青（水泥）道路，所有150人以上的自然村全部通上了4m以上沥青（水泥）道路，百姓“出行最后一公里”得到进一步畅通，行政村公路通畅率达100%。

8.1.2.2　修正指标分析

（1）地形地貌指标。

溧阳境内有低山、丘陵、平原圩区等多种地貌类型，地势南、西、北三面较高，腹部与东部较平。南部为低山区，山势较为陡峭；西北部为丘陵区，岗峦起伏连绵；腹部自西向东地势平坦，为平原圩区。

（2）发展潜力指标。

2014年，溧阳市地区生产总值（GDP）按可比价计算比上年增长11.1%；全市财政总收入突破100亿元，其中公共财政预算收入比上年增长11%；工业总产值、产品销售收入分别比上年增长12.2%、12%；建筑业完成施工总产值同比增长12.8%；全社会固定资产投资比上年增长6.4%；城镇居民人均可支配收入(新口径)比上年增长8.9%,农民人均纯收入(新口径)比上年增长10.7%。城镇化率,年均提高1.78个百分点以上。

8.1.2.3 类型判定及模式选择

溧阳市人均GDP大于50000元,达到94224元;全市城镇化率接近60%,人口密度大于450人/km^2,为517.31人/km^2,行政村公路通畅率达100%,且地形地貌较为平坦,发展潜力较大,因此,溧阳市为城乡道路客运一体化的"城乡一元型"地区,推荐采用"全域公交一体化发展模式"。

8.1.3 溧阳市城乡道路客运一体化发展评价

近年来,溧阳市紧紧围绕国家关于统筹城乡发展、推进"美丽乡村"建设的重大决策部署,积极探索、大力推进城乡道路客运一体化发展,取得明显成效。目前已形成了"网络村镇,人便于行,货畅其流"的城市公交、市镇公交、镇村公交"三位一体"的城乡道路客运一体化格局,实现了市域范围内的公交一体化、全覆盖。依据对溧阳市相关指标的分析,得出溧阳市属于城乡道路客运一体化的"城乡一元型"地区,选择"全域公交一体化发展模式",因此,使用"全域公交一体化发展模式"的评价标准对溧阳城乡道路客运一体化发展进行评价。

8.1.3.1 设施建设评价

(1)设施建设评价分析。

①道路网络一体化程度。

建制村公路通畅率A1。

在解决群众基本出行问题的基础上,为确保群众走得更方便、更安全、更放心,2010年起,溧阳市按照"扩大成果、完善设施、提升能力"的原则,农村公路建设从注重建设规模、发展速度转为重点提高基础设施的安全性、整体性和协调性,对全市所有镇到行政村开通镇村公交的农村公路两侧各增加一米宽的硬路肩,确保有效通行路面不低于6m;全面实施农村公路"安保工程",规范标志、标牌、标线,两侧各增铺3m绿色通道。

截至目前,溧阳全市175个行政村和市域内中小学、敬老院、中心医疗点等全部通上了6m以上的沥青(水泥)道路,所有150人以上的自然村全部通上了4m以上沥青(水泥)道路,百姓"出行最后一公里"得到进一步畅通,行政村公路通畅率达100%。图8-1为溧阳市新建农村公路实景照片。

因此,溧阳市建制村公路通畅率A1为100分。

图 8-1　溧阳市新建农村公路

②场站枢纽一体化程度。

城乡道路客运通达率 A2。

2005 年以来,溧阳市先后投入 4300 万元在全市所有建制镇建成了标准化农村客运站,建设农村公交候车亭 830 个,所有行政村建有候车站亭和电子站牌,如今的公交线网站点覆盖率按 500m 半径计算达到全覆盖,覆盖率 100%。图 8-2 为溧阳市农村公交候车亭实景照片。

因此,溧阳市城乡道路客运通达率 A2 为 100 分。

图 8-2　溧阳市农村公交候车亭

基础设施筹建一体化水平 A3。

为解决城乡公交衔接难、农民群众候车难的问题,溧阳市在江苏全省范围内率先启动"城乡公交一体化工程",按照统一规划、统一标准、统一建设、统一管理的原则,在全市所有建制镇建成了标准化农村客运站,所有行政村建有候车站亭和电子站牌,增加车辆运行位置和到站时间等显示功能,使单一功能的公交站亭成为集客运信息、公路标志、行车指示为一体的多功能服务站，极大地方便了候车群众。图 8-3 为溧阳市标准化农村客运站实景照片。

因此，溧阳市基础设施筹建一体化水平 A3 为 100 分。

图 8-3　溧阳市路站统一建设情况

③客运线网一体化程度。

线网承载能力匹配度 A4。

溧阳全市已建立以大运量公交为主体、线路基本覆盖城乡的公共客运系统，形成功能齐全、设施完善、换乘方便、服务规范的城乡公交网络，公共交通成为广大市民出行的主要方式。目前，溧阳市开通镇村公交线 140 多条，平均每线每天发车 40 多个班次，受惠群众 60 多万人，全市 175 个行政村 100% 通上了镇村公交，真正实现了公共交通"村口始发、通村达户"，再加上市内公交线路的承载能力，线网承载能力匹配度达为 1.32。

因此，溧阳市线网承载能力匹配度 A4 为 97 分。

（2）设施建设评价指标权重值的确定。

确定评价因素的权分配矩阵，根据所建立的评价指标体系，利用层次分析法（AHP）确定各评价指标的权重值（表 8-1）。

溧阳市设施建设评价指标权重值　表 8-1

准则层	指标层	权重 w_m
道路网络(0.08)	建制村公路通畅率 A1	0.08
场站枢纽(0.13)	城乡道路客运通达率 A2	0.09
	基础设施筹建一体化水平 A3	0.04
客运线网(0.06)	线网承载能力匹配度 A4	0.06

(3)设施建设的综合评价。

确定不同评价指标因素的权分配矩阵后,根据各指标的量化方法,计算溧阳市设施建设评价指标参数,并运用指标无量纲化方法对各项指标进行无量纲化。最后结合计算的权重得出评价矩阵,得出溧阳市设施建设评价指标评价结果,见表8-2。

设施建设评价指标评价结果 表8-2

准则层	指标层	权重 w_m	评分结果值	综合评价值
道路网络(0.08)	建制村公路通畅率 A1	0.08	100	26.82
场站枢纽(0.13)	城乡道路客运通达率 A2	0.09	100	
	基础设施筹建一体化水平 A3	0.04	100	
道路网络(0.08)	线网承载能力匹配度 A4	0.06	97	

8.1.3.2 服务质量评价

(1)服务质量评价分析。

溧阳市以群众需求为导向,进一步提升交通行业服务水平,丰富服务内涵,创建群众满意、社会认可的城乡客运品牌。

①安全服务情况。

交通责任事故万车死亡率 B1。

2014年,溧阳市城乡道路客运车辆发生的交通责任事故(负同等及以上责任的交通事故)死亡人数为0人。

因此,溧阳市交通责任事故万车死亡率B1为100分。

车辆安全设施完备率 B2。

溧阳市城乡道路客运所配车型均属于安全车型,长途客车、旅游包车、危险品运输车、出租车、公交车以及执法车的卫星定位设备安装率达100%,并都装备救援设备(破窗锤、灭火器)等安全防护设施设备。

因此,溧阳市车辆安全设施完备率B2为100分。

②便利服务情况。

场站枢纽换乘衔接便捷率 B3。

溧阳市各类客运站均与城乡公交做好了良好的衔接,换乘时间均小于5min。

因此,溧阳市场站枢纽换乘衔接便捷率B3为100分。

相邻镇村直达率 B4。

溧阳市农村客运站、公交首末站、换乘点、候车亭等公交配套设施建设基本到位，形成市到镇、镇到镇、环市域三级综合公交网，区域内任意两点间出行时间不超过50min。相邻的18对乡镇，都互通城乡道路客运线路，毗邻的行政村或社区之间，线路直达率也达到96%。按两者加权，溧阳市相邻镇村直达率达98%。

因此，溧阳市相邻镇村直达率B4为98分。

信息服务一体化水平B5。

溧阳市成立了交通运输信息中心，完成信息中心一期平台建设，通过信息资源整合和综合利用，初步实现跨行业、跨区域信息资源共享和行业监管、决策辅助的综合应用。所有行政村建有候车站亭和电子站牌，增加车辆运行位置和到站时间等显示功能，使单一功能的公交站亭成为集客运信息、公路标志、行车指示为一体的多功能服务站，极大地方便了候车群众。长途客车、旅游包车、危险品运输车、出租车、公交车以及执法车的卫星定位设备安装率达100%。城市公交、镇村公交、中长途班车实现免费无线网络全覆盖。“溧阳行”手机服务软件和“溧阳交通”微信公众平台正式发布启用，为群众出行提供了手机购票、交通信息查询和导航、手机召车等便民服务。所有乡镇实现全省联网售票，并依托完善的网路、运网，新办1000余张学生公交卡，实现了85%有乘车需求的中小学生乘坐公交上下学。图8-4为溧阳市公交站亭信息服务显示板实景照片。

综上所述，溧阳市信息服务一体化水平指标评价标准中的四项皆达到标准，因此，信息服务一体化水平B5为100分。

图8-4　溧阳市公交站亭信息服务显示板

③快捷服务情况。

高峰时段平均发车间隔B6。

“全域公交一体发展模式”中，多数为公交线路或公交化改造的城乡道路客运线路，一般对于客流量强度大的线路高峰发车间隔可为 3 ~ 5min。

溧阳市开通的镇村公交，平均每线每天发车 40 多个班次，城市公交发车间隔平均为 6min，其中，早晚高峰时段，发车密度加大，城乡道路客运线路平均发车间隔可达到 5min。

因此，溧阳市高峰时段平均发车间隔 B6 为 90 分。

平均运营速度 B7。

溧阳市为经济较为发达地区，部分路段交通量较大，容易发生拥堵现象，因此，这些路段上的线路运营速度能保持在 30km/h；而在其余地区，城乡道路客运线路的平均运营速度可达 40km/h；综合考虑整体情况，溧阳市城乡道路客运平均运营速度约为 35km/h。

因此，溧阳市平均运营速度 B7 为 90 分。

④舒适服务情况。

车辆万人拥有率 B8。

溧阳市制定了《城乡公交一体化服务标准》，按照“统一站点、统一票价、统一车型、统一排班、统一服务、统一结算”的要求，对城乡公交车辆的配置、外观标识、车内环境、运行时间等做了明确规定。2014 年，溧阳市又新增、更新公交车 170 辆，截止到 2014 年年末，溧阳城乡道路客运车辆数折合标台数约 900 余台。目前，溧阳市常住人口为 76.02 万人，其中城镇人口 45.61 万人。城区每万人拥有公交车辆 15 标台，城乡道路客运车辆万人拥有率约为 11.83 标台/万人。图 8-5 为溧阳市镇村公交车辆实景照片。

因此，溧阳市车辆万人拥有率 B8 为 92 分。

图 8-5　溧阳市镇村公交车辆

高峰时段满载率 B9。

溧阳市根据线路实际情况，确定经营管理方式，优化线路班次，调整车型结构，按照“公车公营”模式改造的城乡公交班线连续 3 年实现零投诉。围绕方便、安全、低价、快捷、舒适、清洁、文明、温馨“八大要素”，积极开展各类文明创建，以“文明言行、民情日记”等为创建内容的镇村公交，不仅拉近了城乡之间的距离，更把城市文明快速带到广大农村，成为现代文明传播的使者。溧阳市人们对公交出行需求较多，特别是高峰时期，城市公交车有时会出现拥挤现象，经调查测算得出，溧阳市城乡道路客运高峰时段满载率约为 96%。

因此，溧阳市高峰时段满载率 B9 为 82 分。

⑤经济服务情况。

票价可接受度 B10。

溧阳市城乡道路客运中，城市公交和镇村公交均为一票制，享有全程 1 元的低票价，市镇公交采用计程收费制，也享有 1 元起，计程收费的低票价优惠。2014 年，溧阳市区公交刷卡优惠乘车 420 多万人次，为 70 周岁以上老年人和特殊人群提供免费乘车服务 1000 多万人次。票价可接受度的三项标准，溧阳市皆能较好地满足。

因此，溧阳市票价可接受度 B10 得分为 100 分。

（2）服务质量评价指标权重值的确定。

确定评价因素的权分配矩阵，根据文中所建立的评价指标体系，利用层次分析法（AHP）确定各评价指标的权重值（表 8-3）。

溧阳市服务质量评价指标权重值 表 8-3

准　则　层	指　标　层	权重 w_m
安全性（0.09）	交通责任事故万车死亡率 B1	0.06
	车辆安全设施完备率 B2	0.03
便利性（0.16）	场站枢纽换乘衔接便捷率 B3	0.07
	相邻镇村直达率 B4	0.03
	信息服务一体化水平 B5	0.06
快捷性（0.06）	高峰时段平均发车间隔 B6	0.03
	平均运营速度 B7	0.03
舒适性（0.08）	车辆万人拥有率 B8	0.05
	高峰时段满载率 B9	0.03
经济性（0.05）	票价可接受度 B10	0.05

(3)服务质量的综合评价。

确定不同评价指标因素的权分配矩阵后，根据各指标的量化方法，计算溧阳市服务质量评价指标参数，并运用指标无量纲化方法对各项指标进行无量纲化。最后结合计算的权重得出评价矩阵，得出溧阳市服务质量评价指标评价结果，见表8-4。

服务质量评价指标评价结果　表8-4

准则层	指标层	权重 w_m	评分结果值	综合评价值
安全性(0.09)	交通责任事故万车死亡率 B1	0.06	100	42.4
	车辆安全设施完备率 B2	0.03	100	
便利性(0.16)	场站枢纽换乘衔接便捷率 B3	0.07	100	
	相邻镇村直达率 B4	0.03	98	
	信息服务一体化水平 B5	0.06	100	
快捷性(0.06)	高峰时段平均发车间隔 B6	0.03	90	
	平均运营速度 B7	0.03	90	
舒适性(0.08)	车辆万人拥有率 B8	0.05	92	
	高峰时段满载率 B9	0.03	82	
经济性(0.05)	票价可接受度 B10	0.05	100	

8.1.3.3　运营效果评价

(1)运营效果评价分析。

①运营模式。

城乡道路客运车辆公交化比率 C1。

本着先行试点、积累经验、逐步推广的原则，溧阳市多年来采取多种方式，推进城乡道路客运公交一体化改造。一是以新建的农村客运站为区域枢纽，将镇村公交线向周边建制村辐射；二是"移植"城区公交模式，全部实行公车公营、无人售票、"区元"到底；三是"漂白黑车"，通过招考将原先的"黑车"驾驶员聘用为镇村公交驾驶员，签订长期劳动合同，既净化了客运市场，也解决了他们的就业问题。截至目前，全市镇村公交覆盖所有行政村和市域内所有中小学、敬老院、中心医疗点、旅游农庄、被撤并行政村，受惠群众60多万。真正实现了公共交通"村口始发、通村达户"。城乡道路客运车辆公交化比率达100%。

因此，溧阳市城乡道路客运车辆公交化比率C1为100分。

②市场建设。

企业经营模式一体化程度 C2。

随着交通运输的市场化，大批承包车、融资车、挂靠车加入客运市场，不少客车经营业主为了减少成本、增加效益，恶性竞争，抢夺客源，违规现象十分严重。针对这一情况，溧阳市加强运输市场整治，按照“规模化发展、公司化经营、规范化管理”的思路，对客运行业改革实施了“三步走”战略：即以“站运分离”为切入点，整合客运企业；以收购个体中巴车为着力点，整合个体客运市场；以公司化改造为突破口，整合城市公共客运市场。溧阳客运市场实现了规范化运行，推行了“公车公营”机制。统一营运车辆的产权和经营权，即营运企业从政府部门获得经营权，再出资购买车辆、招聘驾驶员，车辆产权属于公司，驾驶员全部被聘为公司正式员工，使得公共资源合理配置，“热冷线路”有效互补。在政府、企业的共同努力下，目前溧阳市城市、市镇、镇村三级公交均已实现“公车公营”。

溧阳市城乡道路客运体系企业经营模式一体化程度较好，因此，溧阳市企业经营模式一体化程度 C2 为 96 分。

③发展政策。

发展政策一体化水平 C3。

溧阳市把推进城乡客运一体化工作列入政府为民办“十件实事”之一，成立了由市长任组长，交通运输、财政、公安等相关部门主要负责人为成员的工作领导小组，统一领导和协调推进城乡客运一体化中的重大事项。专门下发了加快推进城乡公交一体化和加快推进镇村公交发展的意见，确立了“政府主导、镇区配合、行业运作、共同推进”的工作模式，实现了城市公交与农村客运的无缝对接。

溧阳市按照“城乡衔接、资源共享、布局合理、畅通有序”的思路，编制了《溧阳市城乡客运发展规划》和《溧阳市城乡公交线网专项规划》，坚持“路站运一体化”发展原则，努力做到农村公路修到哪里、公交车辆就通到哪里、候车站亭就建到哪里，真正让农民群众走上沥青（水泥）路，乘上安全方便车。

为使农村公交“开得出、开得好、留得住”，溧阳市按照“多予少取、让利于民”的原则，出台了《镇村公交实施方案》，在农村客运站点的规划布局、建设用地、配套资金等方面制定了一系列优惠扶持政策。在场站建设方面，将公交枢纽站、换乘站、港湾式停靠站、沿线停靠站、终点回车场等五类场站，纳入市镇两级规划和预算，并优先安排建设用地；在经营方面，市政府对所购营运车辆每车给予总价 1/3 的补贴，对发展镇村公交的企业经营性亏损部分给予补贴。发展政策一体化水平指标的三项标准,溧阳市皆能较好地满足。

因此,溧阳市发展政策一体化水平 C3 得分为 100 分。

(2)运营效果评价指标权重值的确定。

确定评价因素的权分配矩阵,根据文中所建立的评价指标体系,利用层次分析法(AHP)确定各评价指标的权重值(表 8-5)。

溧阳市运营效果评价指标权重值　　表 8-5

准　则　层	指　标　层	权重 w_m
运营模式(0.12)	城乡道路客运车辆公交化比率 C1	0.12
市场建设(0.07)	企业经营模式一体化程度 C2	0.07
发展政策(0.10)	发展政策一体化水平 C3	0.10

(3)运营效果的综合评价。

确定不同评价指标因素的权分配矩阵后,根据各指标的量化方法,计算溧阳市运营效果评价指标参数,并运用指标无量纲化方法对各项指标进行无量纲化。最后结合计算的权重得出评价矩阵,得出溧阳市运营效果评价指标评价结果,见表 8-6。

运营效果评价指标评价结果　　表 8-6

准　则　层	指　标　层	权重 w_m	评分结果值	综合评价值
运营模式(0.12)	城乡道路客运车辆公交化比率 C1	0.12	100	28.72
市场建设(0.07)	企业经营模式一体化程度 C2	0.07	96	
发展政策(0.10)	发展政策一体化水平 C3	0.10	100	

8.1.4　溧阳市城乡客运一体化评价结果分析

对上述各项评价结果进行综合分析,溧阳市城乡道路客运一体化发展评价的评价结果见表 8-7。

溧阳市城乡道路客运一体化发展评价指标体系评价结果　　表 8-7

指 标 类 型	权重 w_m	评价标准值	综合评价值
设施建设评价结果	0.27	26.82	97.94
服务质量评价结果	0.44	42.4	
运营效果评价结果	0.29	28.72	

由表 8-7 的结果以及溧阳市城乡道路客运一体化情况分析可知,该市采用“区域公交一体化发展模式”推进城乡道路客运一体化,其指标体系评

价结果的综合评价值为97.94，系统综合评价为“优”等级。分项评价的结果也说明溧阳市城乡道路客运一体化的发展从设施建设、服务质量和运营效果三个方面都能较好地满足城乡乘客的出行目的，满足周边影响地区的发展，到达优良的效果。

8.2 城乡客运协同发展模式——江西省婺源县

8.2.1 婺源县简介

婺源县，位于江西省东北部（赣浙皖三省交界处），是上饶市下辖县之一，下辖1街道办事处、10个镇、6个乡，县人民政府驻紫阳镇。婺源的1街道为蚺城街道；10个镇为紫阳镇、清华镇、江湾镇、思口镇、秋口镇、赋春镇、镇头镇、中云镇、许村镇和太白镇；6个乡为溪头乡、段莘乡、沱川乡、珍珠山乡、浙源乡和大鄣山乡。婺源县东邻国家历史文化名城衢州市，西毗瓷都景德镇市，北枕国家级旅游胜地黄山市和古徽州首府、国家历史文化名城歙县，南接江南第一仙山三清山，铜都德兴市，代表文化是徽文化，素有“书乡”“茶乡”之称，是全国著名的文化与生态旅游县，被外界誉为“中国最美乡村”。婺源地处我国黄金旅游圈的腹地，周边分布有黄山、三清山、庐山、武夷山、千岛湖、鄱阳湖、景德镇等名山、名水、名镇。一小时车程内有黄山、景德镇和衢州三个机场，景婺黄（常）两条高速公路已正式建成通车，京福客运专线铁路已开工建设，九景（婺）衢铁路即将开工，婺源正成为江西对接长三角经济区、海西经济区的前沿。

近年来，婺源县城乡道路客运一体化发展步伐不断加快，2013年，为进一步推进城乡道路客运一体化发展，婺源县组织编制了《婺源县城乡客运一体化规划研究》，2014年成立了“婺源县城乡客运（公交）一体化项目指挥部”，2015年审核批复了《关于婺源县城乡客运一体化项目立项的请示》（婺公交发〔2015〕03号），全面推动城乡道路客运一体化发展工作。

8.2.2 婺源县城乡道路客运一体化类型划分及模式选择

8.2.2.1 主体指标分析

（1）区域经济发展水平。

2014年，婺源县人均GDP达到23717元。全年完成地区生产总值80

亿元;财政总收入11.7亿元,其中公共财政预算收入8.79亿元;500万元以上固定资产项目投资76.75亿元;社会消费品零售总额37.5亿元;外贸进出口总额9870万美元。

(2)区域社会发展水平。

截止到2014年年末,婺源县城镇化率达44.01%左右。目前全县总人口35.59万人,其中城镇人口16.66万人,比上年提高1个百分点。

(3)区域人口分布情况。

婺源县农民居住的集中程度较高,2014年,人口密度为120.7人/km^2。总人口前三位的分别是蚺城街道50533人、紫阳镇47384人、赋春镇28065人。人口变动情况相对比较平稳,人口由农村向城镇流动。

(4)道路交通发展水平。

公路是婺源最主要的运输方式之一。婺源县公路网拥有良好的基础,有景婺常和杭瑞两条高速公路,高速公路里程100.38km;G237济宁线和G351台小线两条国道,国道里程117.09km;7条省道,总里程282.43km;10条县道,总里程203.08km;48条乡道,总里程404.05km,以及众多乡村公路2024.50km。婺源为G237济宁线和G351台小线两条国道的交汇点。高速公路、国道和省道在公路网中起着重要的骨干作用,县乡公路构成公路网的基础。行政村公路通畅率达100%。

8.2.2.2 修正指标分析

(1)地形地貌指标。

婺源县属丘陵区,地形上呈"八分半山一分田,半分水路和庄园"的特征。山地占总面积的83.09%,地势由东北向西南倾斜,东北群山屏立,西南丘陵绵亘。北区山峰似太师椅背,向东西延伸,环抱村落或田园。全县山水相间,林木葳蕤,群山葱茏,清溪纵横,飞泉跌宕,全县境内满目皆是"山作碧玉簪,水如青罗带"的秀美景色。

(2)发展潜力指标。

预计"十三五"期间,婺源县地区生产总值年平均增长9.2%;财政总收入年平均增长13%,其中公共财政预算收入年平均增长13.4%;500万元以上固定资产项目投资年平均增长18%;社会消费品零售总额年平均增长13%;外贸进出口总额年平均增长5%;城镇化率年平均1.5个百分点。

8.2.2.3 类型判定及模式选择

婺源县人均GDP大于20000元,达到23717元;城镇化率为44.01%,

大于40%；人口密度大于100人/km^2，为120.7人/km^2，行政村公路通畅率达100%，且地域面积适中、人口相对集中、经济发展潜力较大，因此，婺源县为城乡道路客运一体化的“城乡混合型”地区，推荐采用“城乡客运协同发展模式”。

8.2.3 婺源县城乡道路客运一体化发展评价

近年来，婺源县紧紧围绕国家关于统筹城乡发展、推进“美丽乡村”建设的重大决策部署，积极探索、大力推进城乡道路客运一体化发展，取得明显成效。城乡客运集约化发展不断推进，城乡客运服务能力持续改善，城乡客运网络覆盖深度和广度不断提升，城乡客运基础设施不断完善。目前已形成了县内公交、城乡客运、旅游客运“三者融合”的城乡道路客运一体化格局，积极推进县域范围内的城乡道路客运一体化。依据对婺源县相关指标的分析，得出婺源县属于城乡道路客运一体化的“城乡融合型”地区，选择“城乡客运协同发展模式”，因此，使用“城乡客运协同发展模式”的评价标准对婺源县城乡道路客运一体化发展进行评价。

8.2.3.1 设施建设评价

(1)设施建设评价分析。

①道路网络一体化程度。

建制村公路通畅率A1。

按照“畅、安、洁、绿、美”的要求，婺源县农村公路建管养工作均以以下要求为标准：路基边坡稳定、路肩整洁、排水畅通；路面整洁、横坡适度、行车舒适；构造物、桥涵等结构完好，功能正常；路沟标准、内侧植草、无污积物，排水畅通，宜绿化路段不留空白；沿线设施完善，无侵占、破坏道路现象，加快农村客运网络化连通工程建设。截至目前，婺源县公路总里程达3060.88km，其中农村公路为2842.41km，县城与李坑、江湾、晓起、江岭等11个客流量较大的景点之间，都通行了通畅的景区公路，186个行政村公路通畅率达100%。图8-6为婺源县新建农村公路实景照片。

因此，婺源县建制村公路通畅率A1为100分。

②场站枢纽一体化程度。

城乡道路客运通达率A2。

婺源县正打造建设“中国最美乡村”，迅速发展的旅游业必然引起各方客流的聚集，城乡道路客运场站规划通常结合吸引区内实际的旅游景区用地开发。婺源县城乡道理客运枢纽在兼具传统公共交通枢纽的同时发挥好旅游集散的双重功能得到有效发挥。婺源县按照在城市规划区内,按各类客运站点500m半径覆盖率计算;在城市规划区外,行政村委会所在地在通达城乡道路客运班线的站点2km覆盖范围内,即为通达来计算,并以面积计算权重,最终得出婺源县整个区域的通达率为95%。

图8-6　婺源县新建农村公路

因此,婺源县城乡道路客运通达率A2为95分。图8-7为婺源城乡道路客运候车亭。

图8-7　婺源城乡道路客运候车亭

基础设施筹建一体化水平A3。

2014年,婺源县组织编制了《婺源县城乡客运一体化规划研究》,并成立了婺源县城乡客运(公交)一体化项目指挥部,在新建、改扩建城市道路或公路项目时,都与客运站点(包括简易站、招呼站、候车亭等)同步设计、同步建设、同步交付。

因此,婺源县基础设施筹建一体化水平A3为100分。

③客运线网一体化程度。

线网承载能力匹配度 A4。

按照婺源县城乡道路客运一体化服务区域划分模式，婺源县城乡道路客运服务体系划分为县内公交、城乡客运、旅游客运三类服务。县内公交是指为婺源县居民在各县域范围内公交中心区与周边区县或跨区往来而提供的公交服务，包括城区公交与城市公交向乡村延伸的两种服务方式。城乡客运是为县－乡（镇）－村间交通出行提供的农村客运班线服务。包括农村客运班线公交化改造以及农村客运班线的运营服务。旅游客运是旅游客运线路主要为进入婺源境内游客的出行提供交通出行服务，包括定线旅游客运，旅游包车和汽车租赁。目前，各类线路平均日发班次由2009年的每日323个班次增长到每日581个班次，增长了79.9%；其中跨省线路由2009年的每日12个班次增长到每日18个班次，增长了50%；跨地（市）线路由2009年的每日16个班次增长到每日19个班次，增长了18.8%；跨县线路保持每日21个班次不变，县内线路由2009年的每日274个班次增长到每日412个班次，增长了50.4%。经计算得出，目前，婺源县线网承载能力匹配度达为1.13。

因此，婺源县线网承载能力匹配度A4为83分。

（2）设施建设评价指标权重值的确定。

确定评价因素的权分配矩阵，根据所建立的评价指标体系，利用层次分析法（AHP）确定各评价指标的权重值（表8-8）。

婺源县设施建设评价指标权重值 表8-8

准则层	指标层	权重 w_m
道路网络(0.08)	建制村公路通畅率 A1	0.08
场站枢纽(0.14)	城乡道路客运通达率 A2	0.10
	基础设施筹建一体化水平 A3	0.04
客运线网(0.06)	线网承载能力匹配度 A4	0.06

（3）设施建设的综合评价。

确定不同评价指标因素的权分配矩阵后，根据各指标的量化方法，计算婺源县设施建设评价指标参数，并运用指标无量纲化方法对各项指标进行无量纲化。最后结合计算的权重得出评价矩阵，得出婺源县设施建设评价指标评价结果，见表8-9。

婺源县设施建设评价指标评价结果　　表 8-9

准　则　层	指　标　层	权重 w_m	评分结果值	综合评价值
道路网络(0.08)	建制村公路通畅率 A1	0.08	100	26.48
场站枢纽(0.14)	城乡道路客运通达率 A2	0.10	95	
	基础设施筹建一体化水平 A3	0.04	100	
道路网络(0.08)	线网承载能力匹配度 A4	0.06	83	

8.2.3.2　服务质量评价

(1)服务质量评价分析。

①安全服务情况。

交通责任事故万车死亡率 B1。

2014 年,婺源县城乡道路客运车辆发生的交通责任事故(负同等及以上责任的交通事故)死亡人数为 0 人。

因此,婺源县交通责任事故万车死亡率 B1 为 100 分。

车辆安全设施完备率 B2。

婺源县城乡道路客运所配车型均属于安全车型,长途客车、旅游包车、班线车辆、公交车的卫星定位设备安装率达 100%,并大都装备救援设备(破窗锤、灭火器)等安全防护设施设备。车辆安全设施完备率达到 98%。

因此,婺源县车辆安全设施完备率 B2 为 98 分。

②便利服务情况。

场站枢纽换乘衔接便捷率 B3。

婺源县各类城乡客运站与农村班线、城乡客运、城市公交之间的换乘距离小于 500m 或者换乘时间小于 5min 的站点,占总数的 85%。图 8-8 为婺源汽车站实景照片。

图 8-8　婺源汽车站

因此，婺源县场站枢纽换乘衔接便捷率 B3 为 85 分。

相邻镇村直达率 B4。

婺源的城乡客运网络得到了不断的完善，乡镇通班车率达到了 100%，但是，行政村通班车率仅为 95%，一些偏远的地区仍然没有固定的班车通行，老百姓进城，城市居民下乡仍然不方便。城乡客运网络缺乏层次，农村客运和旅游客运没有区分，很多游客乘坐农村客运前往景点，很多村民乘坐旅游班线往返县城，造成了游客和村民间出行的矛盾，使得城乡客运乘坐体验差。只有部分相邻的乡镇互通城乡道路客运线路，毗邻的行政村或社区之间，线路直达率也达到 74%。

因此，婺源县相邻镇村直达率 B4 为 74 分。

信息服务一体化水平 B5。

本指标包括四项内容中，婺源县城乡道路客运信息已通过互联网对外动态发布得 25 分；城区内三级以上等级道路客运站公布了可换乘的城市公交线路信息，得 25 分；开通了统一的交通运输服务监督电话，并保持良好运转，得 25 分；但行政区没有实现道路客运联网售票或网络售票，该项得 0 分。

综上所述，婺源县信息服务一体化水平指标评价标准中的四项皆达到标准，因此，信息服务一体化水平 B5 为 75 分。

③快捷服务情况。

高峰时段平均发车间隔 B6。

“城乡客运协同发展模式”中，各种客运方式并存，各类型的各条线路高峰时段平均发车间隔可以根据线路等级、长度、高峰时段客流量等因素而有所差异，存在农村客运班线的客流量较小，发车间隔较城市公交来说较大，因此，此模式的线路高峰发车间隔稍长。

婺源县各类线路平均日发班次为每日 581 个班次；其中跨省线路每日 18 个班次；跨地（市）线路每日 19 个班次；跨县线路每日 21 个班次；县内线路每日 412 个班次。其中，早晚高峰时段，发车密度加大，城乡道路客运线路平均发车间隔可达到 10min。

因此，婺源县高峰时段平均发车间隔 B6 为 70 分。

平均运营速度 B7。

婺源县旅游景点密集，旅游旺季部分路段交通量大，容易发生拥堵现象，因此，这些路段上的线路运营速度能保持在 20km/h；而在其余地区，城乡道路客运线路的平均运营速度可达 40km/h；综合考虑整体情况，婺源县城乡道路客运平均运营速度约为30km/h。

因此,婺源县平均运营速度B7为70分。

④舒适服务情况。

车辆万人拥有率B8。

婺源营业性公路客运车辆总数目前达到220余标台,车辆万人拥有率为6.18标台/万人。其中,班车客位数连续增长,平均年增长率达到8.7%。车辆配置主要分为城乡客运车辆以及旅游客运车辆两种,其中各种农村客运车辆140余辆,车型以金龙、宇通、同心、江淮等为主。经营主体主要以公司为主。图8-9为婺源县城乡道路客运车辆实景照片。

因此,婺源县车辆万人拥有率B8为100分。

图8-9　婺源县城乡道路客运车辆

高峰时段满载率B9。

婺源营业性公路客运车辆总数和客位总数保持着稳中有增的势头,但是就婺源营业性公路客运车辆总数而言,还是远远不能满足旅游高峰时节的公共交通需求的。特别是旅游旺季人们对公共客运出行需求较多,城乡道路客运经常会出现拥挤现象,经调查测算得出,婺源县城乡道路客运高峰时段满载率约为104%。

因此,婺源高峰时段满载率B9为76分。

⑤经济服务情况。

票价可接受度B10。

婺源县城区公交车在不开空调时,执行普通票价,票价为投币1元/人·次,刷卡0.9元/人·次;在开空调时,加收空调费,票价为投币2元/人·次,刷卡1.8元/人·次。婺源县物价局、县交通运输局联合下发了《关于调整农村道路客运票价的通知》,核定农村客运班车运价为0.28元/人·km。并执行国家关于对小孩、老人、革命伤残军人等在乘坐公交车方面的优惠政策。票价可接受度的三项标准，婺源县皆能较好地满足。

因此，婺源县票价可接受度 B10 得分为 100 分。

（2）服务质量评价指标权重值的确定。

确定评价因素的权分配矩阵，根据文中所建立的评价指标体系，利用层次分析法（AHP）确定各评价指标的权重值（表 8-10）。

婺源县服务质量评价指标权重值　　表 8-10

准　则　层	指　标　层	权重 w_m
安全性(0.09)	交通责任事故万车死亡率 B1	0.06
	车辆安全设施完备率 B2	0.03
便利性(0.20)	场站枢纽换乘衔接便捷率 B3	0.11
	相邻镇村直达率 B4	0.03
	信息服务一体化水平 B5	0.06
快捷性(0.06)	高峰时段平均发车间隔 B6	0.03
	平均运营速度 B7	0.03
舒适性(0.08)	车辆万人拥有率 B8	0.05
	高峰时段满载率 B9	0.03
经济性(0.05)	票价可接受度 B10	0.05

（3）服务质量的综合评价。

确定不同评价指标因素的权分配矩阵后，根据各指标的量化方法，计算婺源县服务质量评价指标参数，并运用指标无量纲化方法对各项指标进行无量纲化。最后结合计算的权重得出评价矩阵，得出婺源县服务质量评价指标评价结果，见表 8-11。

服务质量评价指标评价结果　　表 8-11

准　则　层	指　标　层	权重 w_m	评分结果值	综合评价值
安全性(0.09)	交通责任事故万车死亡率 B1	0.06	100	41.49
	车辆安全设施完备率 B2	0.03	98	
便利性(0.16)	场站枢纽换乘衔接便捷率 B3	0.11	85	
	相邻镇村直达率 B4	0.03	74	
	信息服务一体化水平 B5	0.06	75	
快捷性(0.06)	高峰时段平均发车间隔 B6	0.03	70	
	平均运营速度 B7	0.03	70	
舒适性(0.08)	车辆万人拥有率 B8	0.05	100	
	高峰时段满载率 B9	0.03	76	
经济性(0.05)	票价可接受度 B10	0.05	100	

8.2.3.3　运营效果评价

(1)运营效果评价分析。

①运营模式。

城乡道路客运车辆公交化比率 C1。

行政区内城市公交车辆和公交化运营的城乡道路客运车辆数之和,占行政区内所有城乡道路客运车辆数的比例为50%。

因此,婺源县城乡道路客运车辆公交化比率 C1 为 50 分。

②市场建设。

企业经营模式一体化程度 C2。

婺源近年来城乡客运集约化发展取得了较大成果。婺源道路旅客运输经营户数由 2009 年的 51 家大幅降为 2013 年的 18 家,下降了 65%;平均每户拥有车辆从 2.69 台增长到 8.67 台,增长了 2.22 倍,企业的规模化和集约化程度不断提高,并于 2014 年启动,组建婺源县城乡客运集团(城区客运、农村客运及旅游客运)公司,并将先期成立规范运营的旅游客运专线公司,婺源县城乡道路客运体系企业经营模式一体化程度较好。

因此,根据专家评定,婺源县企业经营模式一体化程度 C2 为 95 分。

③发展政策。

发展政策一体化水平 C3。

婺源县于 2014 年,由主管县长牵头,成立了城乡客运(公交)一体化项目指挥部,组织推进城乡道路客运一体化工作,因此,婺源县建立综合交通管理体制和城乡道路客运一体化推进机制的情况良好。

婺源县于 2014 年编制完成了《婺源县城乡客运一体化规划》,将城乡道路客运一体化发展与旅游交通规划相结合,统筹规划了交通发展策略、城乡道路客运网络、城乡客运枢纽、城乡客运车辆配置,同时提出婺源县城乡客运集团一体化整合方案,为政府及企业提供了指引。

婺源县城区公交车执行一票制低票价,对公交化运行的农村客运的税费、财政补贴等方面的政策也与城市公交相似。

2014 年,婺源县城乡规划局出具了《关于城乡客运一体化项目规划选址意见的函》(婺规函〔2015〕45 号);县国土资源局出具了《关于婺源县城乡客运一体化项目建设用地预审意见》(婺国土资字〔2015〕77 号);县环境保护局出具了《关于对婺源公共交通有限公司婺源县城乡客运一体化项目环境影响报告表的批复》(婺环评字〔2015〕39 号),并于同年,由县发改委核准批复了《婺源县城乡客运一体化建设项目》,县级人民政府出台支持可一系列优惠政策支持城乡道路客运一体化发展。

发展政策一体化水平指标的三项标准,婺源县皆能较好地满足,因此,发展政策一体化水平 C3 得分为 100 分。

(2)运营效果评价指标权重值的确定。

确定评价因素的权分配矩阵,根据文中所建立的评价指标体系,利用层次分析法(AHP)确定各评价指标的权重值(表 8-12)。

婺源县运营效果评价指标权重值　　表 8-12

准　则　层	指　标　层	权重 w_m
运营模式(0.08)	城乡道路客运车辆公交化比率 C1	0.08
市场建设(0.06)	企业经营模式一体化程度 C2	0.06
发展政策(0.10)	发展政策一体化水平 C3	0.10

(3)运营效果评价的综合评价。

确定不同评价指标因素的权分配矩阵后,根据各指标的量化方法,计算婺源县运营效果评价指标参数,并运用指标无量纲化方法对各项指标进行无量纲化。最后结合计算的权重得出评价矩阵,得出婺源县运营效果评价指标评价结果,见表 8-13。

婺源县运营效果评价指标评价结果　　表 8-13

准　则　层	指　标　层	权重 w_m	评分结果值	综合评价值
运营模式(0.08)	城乡道路客运车辆公交化比率 C1	0.08	50	19.7
市场建设(0.06)	企业经营模式一体化程度 C2	0.06	95	
发展政策(0.10)	发展政策一体化水平 C3	0.10	100	

8.2.4　婺源县城乡客运一体化评价结果分析

对上述各项评价结果进行综合分析,婺源县城乡道路客运一体化发展评价的评价结果见表 8-14。

婺源县城乡道路客运一体化发展评价指标体系评价结果　　表 8-14

指标类型	权重 w_m	评价标准值	综合评价值
设施建设评价结果	0.28	26.48	87.67
服务质量评价结果	0.48	41.49	
运营效果评价结果	0.24	19.7	

由上表的结果,以及婺源县城乡道路客运一体化情况分析可知,该县指

标体系评价结果的综合评价值为 87.67，系统综合评价为“优”等级。分项评价的结果也说明婺源县城乡道路客运一体化的发展设施建设方面能较好地满足城乡乘客的出行目的，满足周边影响地区的发展，到达优良的效果，但是在服务质量和运营效果两方面，评价结果一般，特别是在相邻镇村直达率、信息服务一体化水平、高峰时段平均发车间隔、平均运营速度、高峰时段满载率和城乡道路客运车辆公交化比率这几个方面，还有待继续提高。

8.3 城乡客运服务全覆盖模式——宁夏回族自治区西吉县

8.3.1 西吉县简介

西吉县位于宁夏回族自治区西南部，六盘山西麓。县境东邻原州区，南靠隆德县及甘肃省静宁县，西接甘肃省会宁县，北依中卫市海原县，全县东西长 67km，南北宽 74km，总面积为 3143.85km^2。309 国道在县域中部横向穿过，并穿越县城。西吉属于典型的大陆性季风气候，雨量较少，光照充足，是我国主要的干旱地区，无霜期短，干旱、冰雹、霜冻等自然灾害频繁。西吉历史文化悠久，早在夏商时便为“雍州之城”，2001 年固原设市，西吉属之至今，现辖 3 镇 16 乡，296 个行政村，4 个居委会，1870 个村民小组，其中 3 镇为吉强镇、兴隆镇、平峰镇；16 乡为新营乡、红耀乡、田坪乡、马建乡、震湖乡、兴平乡、西滩乡、王民乡、什字乡、马莲乡、将台乡、硝河乡、偏城乡、沙沟乡、白崖乡、火石寨乡。

随着国家和自治区对贫困地区扶贫力度的不断加大，西吉全县公路交通的瓶颈制约得到初步缓解，公路技术状况得到较大的改善，公路运输能力明显增强，客运网络化进一步完善，城乡、乡镇之间的日常交往也日益频繁，城乡居民的出行需求无论在数量和质量上都有了很大的提高。近年来，西吉县为推进公共服务均等化，统筹西吉县域城乡客运协调发展，建设统一、高效、竞争、有序的县域城乡客运体系，大力推动相关工作进展，城乡道路客运一体化的发展水平正逐年提升。

8.3.2 西吉县城乡道路客运一体化类型划分及模式选择

8.3.2.1 主体指标分析

(1)区域经济发展水平。

2014 年，西吉县人均 GDP 达到 8904 元。全年实现地区生产总值 45.32

亿元;全社会固定资产投资 50.25 亿元;地方公共财政预算收入 1.36 亿元;社会消费品零售总额 13.22 亿元;城镇居民人均可支配收入 18601 元;农村居民人均可支配收入 6222.3 元。

(2)区域社会发展水平。

截至 2014 年,西吉县城镇化率为还未达到 30%。全县总人口 50.9 万人,其中回族人口 29.4 万人,占全县总人口的 57.8%。

(3)区域人口分布情况。

西吉县地广人稀,人口居住的集中程度较差,2014 年,人口密度仅为 127.98 人/km^2。

(4)道路交通发展水平。

2014 年年底,西吉全县公路通车总里程 2317.9km,其中,国道 1 条 82.3km,省道 1 条 83.4km,县道 5 条 160.2km,乡道 37 条 651.7km,村道 157 条 1310.5km,汽车专用公路 2 条 29.8km;二级公路 114.3km、三级公路 435.1km、四级公路 1768.5km,分别占总里程的 4.9%、18.8%、76.2%;沥青(水泥、砖)路面公路 2210.4km,沙砾路面公路 107.5km,分别占总里程的 95.4%、4.6%。等级公路密度 74.1km/100km^2。行政村公路通畅率达 100%。

8.3.2.2 修正指标分析

(1)地形地貌指标。

西吉县县域 83.5% 的面积为黄土丘陵,6.1% 的面积为河谷川道,10.4% 的面积为土石山区,海拔在 1688 ~ 2633m 之间,境内被纵横交错的 90 条冲沟分割成大小山岭 335 座,地形地质条件复杂。

(2)发展潜力指标。

2014 年,西吉全县经济社会保持了良好发展势头。全年地区生产总值增长 8.3%,;全社会固定资产投资增长 22.1%;地方公共财政预算收入增长 19.1%;社会消费品零售总额增长 11.9%;城镇居民人均可支配收入增长 8.7%;农村居民人均可支配收入增长 12.3%。

8.3.2.3 类型判定及模式选择

西吉县人均 GDP 小于 20000 元,为 8904 元;全市城镇化率不足 30%,人口密度较小,为 127.98 人/km^2,行政村公路通畅率达 100%,且地形地貌较为复杂,发展潜力一般,因此,西吉县为城乡道路客运一体化的“城乡二元型”地区,推荐采用“城乡客运服务全覆盖发展模式”。

8.3.3 西吉县城乡道路客运一体化发展评价

依据对西吉县相关指标的分析，得出西吉县属于城乡道路客运一体化的“城乡二元型”地区，选择“城乡客运服务全覆盖发展模式”，因此，使用“城乡客运服务全覆盖发展模式”的评价标准对西吉县城乡道路客运一体化发展进行评价。

8.3.3.1 设施建设评价

(1)设施建设评价分析。

①道路网络一体化程度。

建制村公路通畅率 A1。

近年来，随着国家和自治区对贫困地区扶贫力度的不断加大，全县公路交通的瓶颈制约得到初步缓解，干线公路技术状况得到较大的改善，国道309线西吉至郭家沟段二级公路于2012年建成，国道309线固原至西吉段、省道202线西吉至毛家沟段一级公路于2013年开工建设；推进了乡镇、建制村通畅工程建设，2008年至2013年，修建行政村通沥青(水泥)路1694km，解决了全县138个行政村21万人行路难的问题，乡镇通畅率达到100%，行政村公路通畅率达100%。图8-10为西吉县新建农村公路实景照片。

因此，西吉县建制村公路通畅率A1为100分。

图8-10 西吉县新建农村公路

②场站枢纽一体化程度。

城乡道路客运通达率 A2。

2014年，西吉县19个乡镇296个行政村已通客车236个，通客车率77%。图8-11为西吉县农村客运班线候车站实景照片。

因此，西吉县城乡道路客运通达率A2为77分。

图 8-11　西吉县农村客运班线候车站

基础设施筹建一体化水平 A3。

西吉县"路、站(亭)、运"一体化机制尚未形成,近两年来新建、改扩建农村公路项目与农村客运站点(包括简易站、招呼站、候车亭等)未同步设计、同步建设、同步交付使用的数量达 116 个。

因此,西吉县基础设施筹建一体化水平 A3 为 0 分。

③客运线网一体化程度。

线网承载能力匹配度 A4。

2014 年,全县 19 个乡镇 296 个行政村已通客车 236 个,通客车率 77%,低于交通运输部的 2016 年左右建制村通班车率达到 92% 的水平,也远低于 2014 年年底宁夏回族自治区全区建制村通客车率达到 98.3% 的水平,一些偏远的地区仍然没有固定的班车通行,老百姓进城,城市居民下乡仍然不方便,线网承载能力匹配度达为 0.83。

因此,西吉县线网承载能力匹配度 A4 为 62 分。

(2)设施建设评价指标权重值的确定。

确定评价因素的权分配矩阵,根据所建立的评价指标体系,利用层次分析法(AHP)确定各评价指标的权重值(表 8-15)。

西吉县设施建设评价指标权重值　　表 8-15

准　则　层	指　标　层	权重 w_m
道路网络(0.09)	建制村公路通畅率 A1	0.09
场站枢纽(0.15)	城乡道路客运通达率 A2	0.10
	基础设施筹建一体化水平 A3	0.05
客运线网(0.06)	线网承载能力匹配度 A4	0.06

(3)设施建设的综合评价。

确定不同评价指标因素的权分配矩阵后，根据各指标的量化方法，计算西吉县设施建设评价指标参数，并运用指标无量纲化方法对各项指标进行无量纲化。最后结合计算的权重得出评价矩阵，得出西吉县设施建设评价指标评价结果，见表8-16。

设施建设评价指标评价结果　　表8-16

准则层	指标层	权重 w_m	评分结果值	综合评价值
道路网络(0.09)	建制村公路通畅率 A1	0.09	100	20.42
场站枢纽(0.15)	城乡道路客运通达率 A2	0.10	77	
	基础设施筹建一体化水平 A3	0.05	0	
道路网络(0.15)	线网承载能力匹配度 A4	0.06	62	

8.3.3.2　服务质量评价

(1)服务质量评价分析。

①安全服务情况。

交通责任事故万车死亡率 B1。

2014年，西吉县城乡道路客运车辆发生的交通责任事故(负同等及以上责任的交通事故)死亡人数为0人。

因此，西吉县交通责任事故万车死亡率B1为100分。

车辆安全设施完备率 B2。

西吉县城乡道路客运所配车型均属于安全车型，长途客车、公交车、农村客运的卫星定位设备安装率达100%，但有部分车辆的救援设备(破窗锤、灭火器)等安全防护设施设备没有装备齐全。

因此，西吉县车辆安全设施完备率B2为95分。

②便利服务情况。

场站枢纽换乘衔接便捷率 B3。

西吉县全县拥有二级汽车站1个(西吉汽车站)、四级农村客运站18个，以及建设中的西吉县城乡客运一体化客运西站。西吉县20个各类城乡客运站与农村班线、城乡客运、城市公交之间的换乘距离小于800m或者换乘时间小于10分钟的站点有16个，占总数的80%。

因此，西吉县场站枢纽换乘衔接便捷率B3为90分。

相邻镇村直达率 B4。

虽然西吉县的城乡客运网络得到了不断的完善，乡镇通班车率达到了

100%，行政村通班车率也到达了100%，单城乡客运网络缺乏层次，农村客运班线大多只往返县城和乡镇，相邻的村镇互通城乡道路客运线路较少，毗邻的行政村或社区之间，线路直达率较低，相邻镇村直达率为37%。

因此，西吉县相邻镇村直达率B4为67分。

信息服务一体化水平B5。

西吉县城乡道路客运信息没有通过互联网对外动态发布，也没有全面实现道路客运联网售票或网络售票。在西吉汽车站（二级）还未公布可换乘的城市公交线路信息。固原全市，包括西吉县在内，开通了统一的交通运输服务监督电话，并保持良好运转。

综上所述，西吉县信息服务一体化水平指标评价标准中的四项达到一项，因此，信息服务一体化水平B5为25分。

③快捷服务情况。

高峰时段平均发车间隔B6。

西吉全县共有省际客运班线8条20班，市际客运班线8条21班，县际客运班线11条40班，县内客运班线56条156班，农村二类小客车152班。其中，高峰时段，发车密度加大，城乡道路客运线路平均发车间隔可达到30min。

因此，西吉县高峰时段平均发车间隔B6为30分。

平均运营速度B7。

西吉县道路通畅率较高，车辆拥堵情况较少，因此，城乡道路客运线路平均运营速度能保持在45km/h。

因此，西吉县平均运营速度B7为95分。

④舒适服务情况。

车辆万人拥有率B8。

目前，西吉县共有农村客运车辆308辆，其中县内农村班线客车156辆、农村二类小客车152辆；城市公交车40辆；折合城乡道路客运车辆标台数358，车辆万人拥有率为7.02标台/万人。图8-12为西吉县吉运客运公司更新的城乡道路客运车辆实景照片。

因此，西吉县车辆万人拥有率B8为92分。

高峰时段满载率B9。

西吉县经济社会发展较为落后，居民日常出行需求较小，近年来，随着营业性公路客运车辆总数和客位总数保持着稳中有增的势头，西吉县营业性公路客运车辆总数基本能够满足平时居民的出行服务需求。但是，在部分高峰时段和时节，人们出行需求较多，有时城乡道路客运会出现拥挤现象，经调查测算得出，西吉县城乡道路客运高峰时段满载率约为84%。

因此，西吉县高峰时段满载率B9为86分。

图8-12　西吉县吉运客运公司更新的城乡道路客运车辆

⑤经济服务情况。

票价可接受度B10。

西吉县城乡道路客运中，城市公交为一票制，享有全程1元的低票价，农村客运采用计程收费制，也享有一定的补贴。有五类人群免费或优惠乘车的政策扶持。票价可接受度的三项标准，西吉县能较好地满足。

因此，西吉县票价可接受度B10得分为90分。

(2)服务质量评价指标权重值的确定。

确定评价因素的权分配矩阵，根据文中所建立的评价指标体系，利用层次分析法(AHP)确定各评价指标的权重值(表8-17)。

西吉县服务质量评价指标权重值　　表8-17

准则层	指标层	权重 w_m
安全性(0.09)	交通责任事故万车死亡率B1	0.06
	车辆安全设施完备率B2	0.03
便利性(0.14)	场站枢纽换乘衔接便捷率B3	0.06
	相邻镇村直达率B4	0.03
	信息服务一体化水平B5	0.05
快捷性(0.06)	高峰时段平均发车间隔B6	0.03
	平均运营速度B7	0.03
舒适性(0.08)	车辆万人拥有率B8	0.05
	高峰时段满载率B9	0.03
经济性(0.07)	票价可接受度B10	0.07

(3)服务质量的综合评价。

确定不同评价指标因素的权分配矩阵后,根据各指标的量化方法,计算西吉县服务质量评价指标参数,并运用指标无量纲化方法对各项指标进行无量纲化。最后结合计算的权重得出评价矩阵,得出西吉县服务质量评价指标评价结果,见表8-18。

服务质量评价指标评价结果　　表8-18

准则层	指标层	权重 w_m	评分结果值	综合评价值
安全性(0.09)	交通责任事故万车死亡率 B1	0.06	100	35.14
	车辆安全设施完备率 B2	0.03	95	
便利性(0.16)	场站枢纽换乘衔接便捷率 B3	0.06	90	
	相邻镇村直达率 B4	0.03	67	
	信息服务一体化水平 B5	0.05	25	
快捷性(0.06)	高峰时段平均发车间隔 B6	0.03	30	
	平均运营速度 B7	0.03	95	
舒适性(0.08)	车辆万人拥有率 B8	0.05	100	
	高峰时段满载率 B9	0.03	86	
经济性(0.07)	票价可接受度 B10	0.07	90	

8.3.3.3　运营效果评价

(1)运营效果评价分析。

①运营模式。

城乡道路客运车辆公交化比率 C1。

西吉县属于"城乡二元型"区县,城乡道路客运需求较不稳定,在推进城乡道路客运一体化方面,现阶段还处于注重提高主要客源点的服务广度,城市客运网络系统采用公交运输组织方式,农村客运网络系统则还多采用农村客运班线或特色运营等多种运输组织方式。经计算,西吉县目前城乡道路客运车辆公交化比率很低。

因此,西吉县城乡道路客运车辆公交化比率 C1 为 0 分。

②市场建设。

企业经营模式一体化程度 C2。

目前,西吉全县拥有道路旅客运输企业 3 家,其中祥龙农村客运有限责任公司和西吉县吉运农村客运有限责任公司为城乡民营客运企业,西吉县汽车运输公司为国有企业;城市公共交通企业 3 家,其中公交企业 1 家(西凤公交客运有限公司)。祥龙农村客运有限责任公司成立于 2006 年 6 月,现有车辆134辆，经营线路37条，基本覆盖西吉县西部片区所有乡镇；西吉县吉运农村客运有限责任公司创建于2006年，现有农村客运车辆48辆，经营线路17条，基本覆盖西吉县东部片区所有乡镇；西吉县汽车运输公司成立于1979年，现有车辆49辆，经营线路25条，主要经营西吉至兰州、银川、海原、固原等班线；西凤公交客运有限公司成立于2003年，现有车辆85辆（其中出租车30辆），经营线路12条，经营新营乡、火石寨乡、县城周边村组的公交线路。

综上所述，西吉县客运营运企业小而散，经营主体过多，导致资源难以实现共享、冷热线难以均衡、恶性竞争等问题比较突出，制约了西吉县城乡道路客运的服务效率，而且西吉县城乡道路客运经营模式基本都是挂靠经营，挂靠车辆管理不到位，安全生产主体责任难以落实，车辆驾驶员即为经营者，在这种模式下，导致经营者重效益轻安全，片面追求经济利益，同线路或相近的线路恶性竞争，多拉快跑，超载超速等现象难以杜绝，经营者服从管理意识差，企业管理难度大，存在着很大的安全事故隐患。

西吉县城乡道路客运城镇、区镇线路采用公车公营模式和县镇线路采取公司化经营模式两项能达到标准，其他两项没有满足，因此，西吉县企业经营模式一体化程度C2为50分。

③发展政策。

发展政策一体化水平C3。

西吉县成立了城乡客运一体化领导小组，建立“一城一交”的综合交通管理体制和城乡道路客运一体化多部门联合推进机制；编制了市县级行政区城乡道路客运一体化发展规划及场站专项规划，主要指标纳入城乡规划统筹实施；县级人民政府还未统一公交化运行的农村客运与城市公交在税费、财政补贴等方面的政策；县级人民政府出台了支持城乡道路客运一体化发展的政策，包括交通基础设施用地安排，道路通行管理，以及场站建设、车辆购置、票价优惠、政策性亏损的财政补贴等方面。

因此，西吉县发展政策一体化水平C3得分为70分。

（2）运营效果评价指标权重值的确定。

确定评价因素的权分配矩阵，根据文中所建立的评价指标体系，利用层次分析法（AHP）确定各评价指标的权重值（表8-19）。

（3）运营效果的综合评价

确定不同评价指标因素的权分配矩阵后，根据各指标的量化方法，计算西吉县运营效果评价指标参数，并运用指标无量纲化方法对各项指标进行无量纲化。最后结合计算的权重得出评价矩阵，得出西吉县运营效果评价指标评价结果，见表8-20。

西吉县运营效果评价指标权重值　　表8-19

准　则　层	指　标　层	权重 w_m
运营模式(0.08)	城乡道路客运车辆公交化比率 C1	0.08
市场建设(0.06)	企业经营模式一体化程度 C2	0.06
发展政策(0.12)	发展政策一体化水平 C3	0.12

运营效果评价指标评价结果　　表8-20

准　则　层	指　标　层	权重 w_m	评分结果值	综合评价值
运营模式(0.08)	城乡道路客运车辆公交化比率 C1	0.08	0	11.4
市场建设(0.06)	企业经营模式一体化程度 C2	0.06	50	
发展政策(0.12)	发展政策一体化水平 C3	0.12	70	

8.3.4　西吉县城乡客运一体化评价结果分析

对上述各项评价结果进行综合分析，西吉县城乡道路客运一体化发展评价的评价结果见表8-21。

西吉县城乡道路客运一体化发展评价指标体系评价结果　　表8-21

指标类型	权重 w_m	评价标准值	综合评价值
设施建设评价结果	0.30	20.42	66.96
服务质量评价结果	0.44	35.14	
运营效果评价结果	0.26	11.4	

由表8-21的结果，以及西吉县城乡道路客运一体化情况分析可知，该县采用“城乡客运服务全覆盖模式”推进城乡道路客运一体化，其指标体系评价结果的综合评价值为66.96，系统综合评价为“良”等级。分项评价的结果也说明西吉县城乡道路客运一体化的发展在设施建设、服务质量和运营效果三个方面，评价结果都一般，特别是在基础设施筹建一体化水平、线网承载能力匹配度、相邻镇村直达率、信息服务一体化水平、高峰时段平均发车间隔、城乡道路客运车辆公交化比率和企业经营模式一体化程度这几个方面，还有待继续提高。

本书中的评价案例，仅用于验证评价方法的可操作性，如具体数据和实际情况存在一定偏差，请谅解。

第9章　城乡道路客运一体化评价软件系统设计与开发

城乡道路客运一体化涉及的因素较多,过程复杂,对主管部门来说迫切需要现代化的管理手段和工具,因此,开发建立城乡道路客运一体化评价软件系统能够为实施城乡道路客运一体化管理提供这样一个平台。本章主要就建立城乡道路客运一体化评价软件的系统功能设计与实现展开讨论。

9.1　评价软件系统建立的必要性

根据《交通运输部关于开展城乡道路客运一体化发展水平评价有关工作的通知》(交运发〔2014〕259 号)要求,全国范围内县级行政区的城乡道路客运一体化发展水平评价工作要形成常态化工作,每两年开展一次。已完成的 2015 年全国城乡道路客运一体化发展水平评价工作,评估考核工作共涉及 2394 个市县,各地考核时采取的手段和标准尺度差别较大,考核结果的准确性有待提高。考核工作才刚起步,相应的数据积累和工作基础还很薄弱,为考虑可操作性,考核的指标较少,全面性不足,且缺乏现代化的考核的手段和模式。因此,迫切需要在考核标准上建立统一,规范考核数据标准,搭建可以依赖的信息化操作平台,其必要性主要体现在以下三个方面。

9.1.1　有利于兼顾评价工作的可操作性和评价指标的全面性

现有的城乡道路客运一体化评价方法,常因为增加实施可操作性,在评价指标的全面性上做出较大让步,评价指标的数量受到较大约束。从城乡道路客运一体化发展类型划分、发展模式选择到发展水平评价三个步骤,建立了一整套城乡道路客运一体化评价的方法,涉及各类评价指标较多,程序较为复杂,为提高本套评价方法的可操作性,建立城乡道路客运一体化评价软件,通过现实可采集数据的直接输入,直接导出评价结果,省去中间烦琐的计算过程，简化评价流程，兼顾评价工作的可操作性和评价指标的全面性。

9.1.2 有利于提高评价数据的规范性和评价结果的准确性

进行全国性城乡道路客运一体化评价工作时，各地交通运输主管部门采用的评价实施办法有所区别，考核评价标准的评判尺度也有松有紧，因此，导致各地的评价结果准确性不足。建立统一的评价软件，各地只需对本地的基础数据如实上报，将其输入评价软件系统，则可进行各项指标的评价和结果的输出，输出的评价数据格式、单位规范，有利于各地进行横向对比时具有参考性。省去各地进行中间评价的环节，有利于避免不同地区对评价方法的理解差异，导致的评价结果准确性难以保障，统一使用评价软件进行数据处理，得到的评价结果准确性能得到较大程度的提高。

9.1.3 有利于促进运管部门管理手段的信息化和制度化

城乡道路客运涉及因素众多，我国目前的现况数据统计有待完善，迫切需要利用现代化的先进技术手段加强管理，城乡道路客运一体化评价软件系统能够帮助交通运输主管部门摸清“家底”，了解各地当前的发展水平，从而进行精准指导。通过完善城乡道路客运一体化发展水平数据库，可以建立统一、规范的数据标准，实现数据信息的共享；通过这个信息化平台，可以提供便捷、安全的信息交流平台，实现手段的网络化和信息化。强化了交通运输主管部门对城乡道路客运一体化发展监督管理的手段与方式，促进了管理的规范化和制度化，有助于提高管理水平，完善监管职能，强化行业管理。

9.2 设计思路

9.2.1 应用范围

城乡道路客运一体化评价软件系统的评价对象是以县级行政区为单位，各县级评价结果可进行整合，形成对上级行政区域的评价结果。可用于交通运输主管部门对当地城乡道路客运一体化发展水平进行正确认识，查找薄弱环节，对发展方向进行科学判断；还可用于上级管理部门对各地发展水平的进行考核评价。

9.2.2 设计开发目标

(1)总体目标。

通过城乡道路客运一体化评价软件系统的开发,运用现代计算机技术、网络技术和通信技术,实现对城乡道路客运一体化的信息化管理,是交通主管部门摸清“家底”,了解发展水平,提高信息的统计分析能力,进一步提高管理效率,为各级领导和相关部门提供准确及时的信息和决策手段,为行业相关政策的制定提供辅助决策支持。

(2)具体目标。

①实现对某地区城乡道路客运一体化发展类型的划分和发展模式选择;

②实现对选择相应发展模式的地区,有针对性进行发展水平评价,指出需着重发展的方向;

③实现对各地城乡道路客运一体化相关数据信息的收集、加工、交换、存储、汇总,及时提供符合各种条件的查询、检索功能。

9.2.3 系统整体框架

城乡道路客运一体化评价对于不同发展类型的地区,评价的重点各异,评价的标准不同,因此,城乡道路客运一体化评价软件系统主要分为几个步骤。

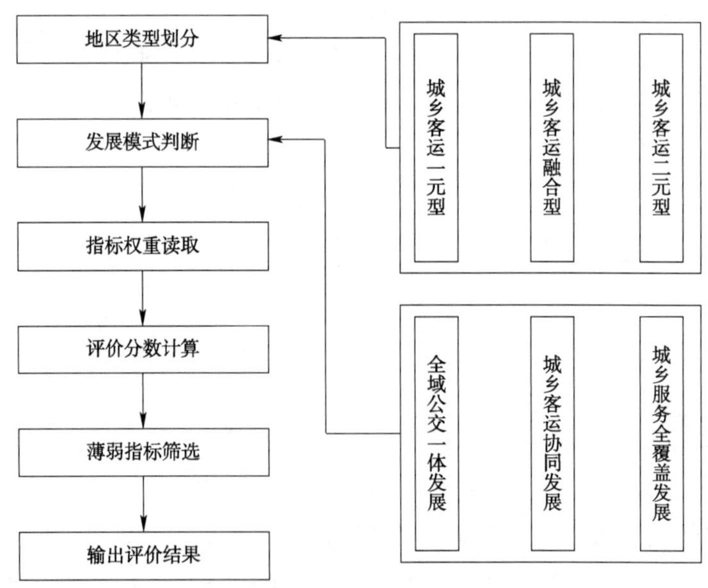

图 9-1　城乡道路客运一体化评价软件系统与功能框架设计

第一，对评价对象的发展类型进行划分；

第二，为评价对象制定适用的发展模式；

第三，根据其发展模式对各项评价指标进行评价，得到分项评价结果；

第四，对评价对象的整体水平进行综合评价，进行薄弱指标筛选，分析亟待改进的方向，并输出最终评价结果。

具体框架设计如图 9-1 所示。

9.3 软件系统使用指南

9.3.1 软件简介

城乡道路客运一体化评价系统采用 Visual Studio 开发工具进行开发，是结合本书中的理论成果，输入某区县原始影响因素数据，即可先划分该县区城乡道路客运一体化发展的类型，针对其发展类型对应的评价标准，测算反映其城乡道路客运一体化发展的状态的 17 个具体指标，从而综合评价该区县的城乡道路客运一体化发展水平，并筛选出该区县较为薄弱的指标，指出需要进一步加强的发展方向。

9.3.2 软件安装所需环境

(1)硬件设备。

最低配置：P4 以上 2.0 以上 CPU，512M 以上内存，10G 以上硬盘空间。

(2)操作系统及开发工具。

操作系统支持：Window2000/XP/Win7。

开发工具：Visual Studio。

9.3.3 软件安装

解压软件安装包后双击 Setup 图标打开软件安装向导如图 9-2 所示，单击“下一步”，选择安装路径后可以完成安装，同时创建桌面快捷方式。

9.3.4 软件操作

(1)读取地区实例数据。

启动软件，执行“读取数据”命令，打开读取文件窗口，如图 9-3 所示。

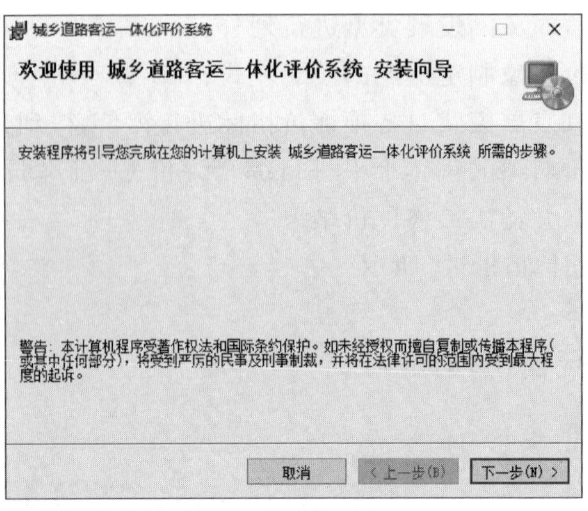

图 9-2　软件安装界面

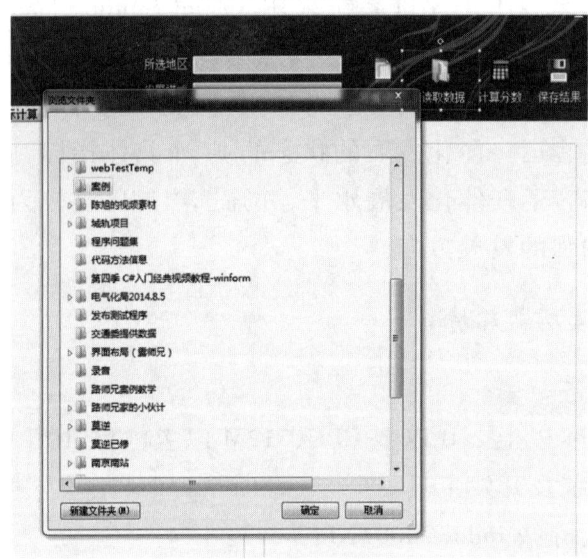

图 9-3　读取数据界面

选择地区实例数据所在的文件夹，点击打开，系统自动读取文件夹中的每个文件名并将其显示在列表中如图 9-4 所示。

(2)选取计算实例。

选择所需要计算的地区实例，点击之后，系统在表格区域显示地区类型数据以及影响因素数据，如图 9-5 所示。

(3)模式判断。

点击模式计算按钮，系统会自动判断该地区的数据符合哪一种发展模式，并将之显示在发展模式框中，如图 9-6 所示。

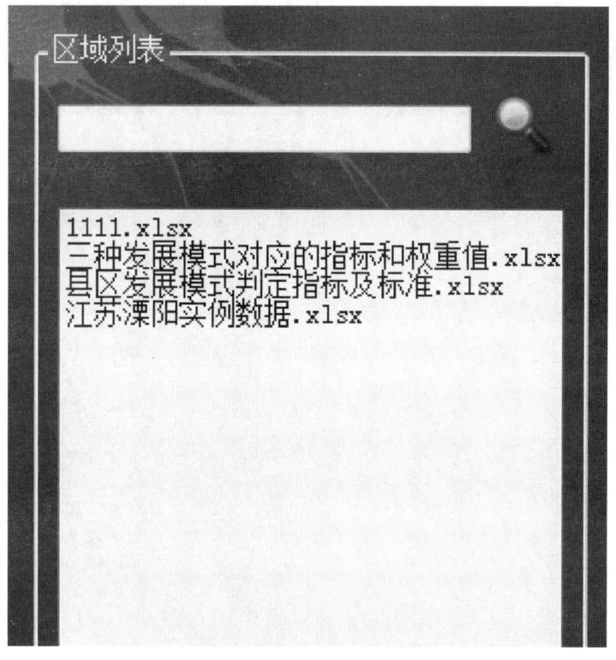

图9-4　区域列表界面

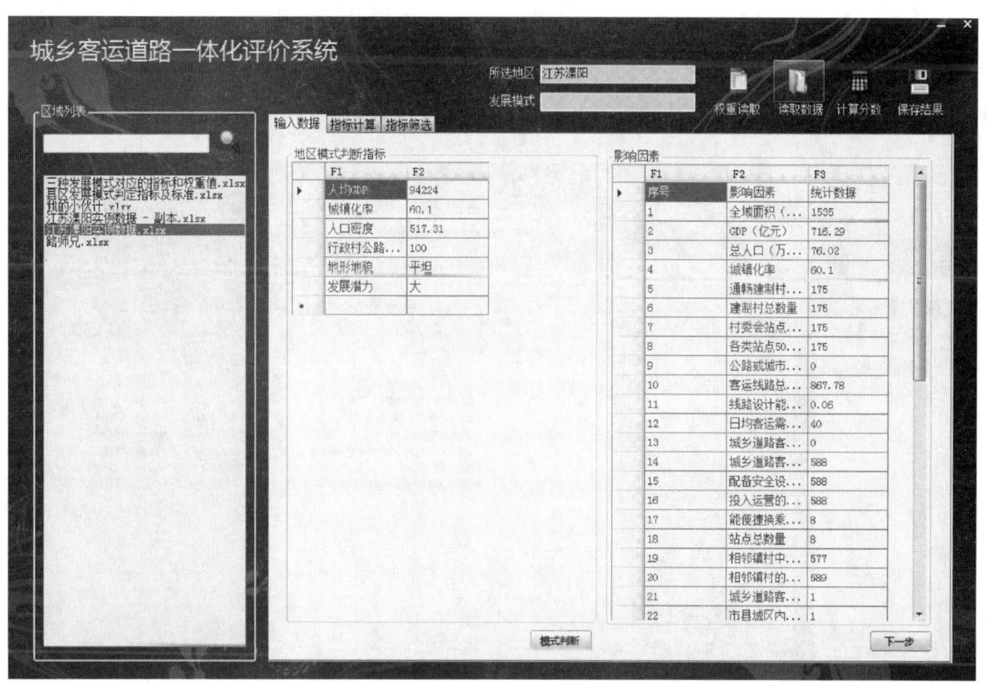

图9-5　输入数据显示界面

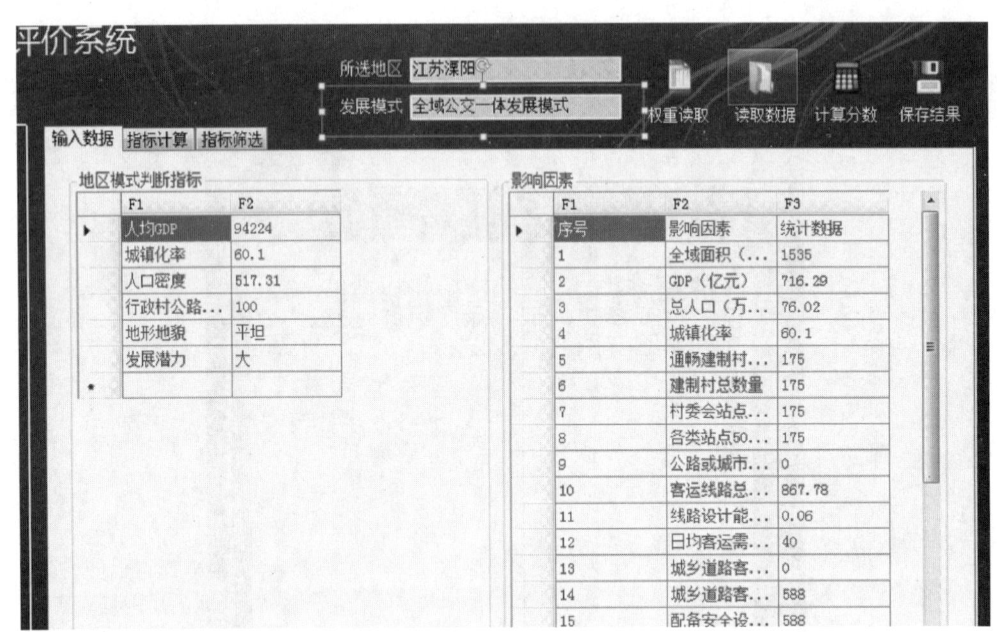

图 9-6　发展模式显示界面

（4）权重读取。

点击下一步，进入指标计算页面，点击“权重读取”按钮，如图 9-7、图 9-8 所示，将权重数据读取到系统中，系统将根据该地区的发展模式类型自动匹配权重，随后其他实例的计算将不需要重复读取权重数据。

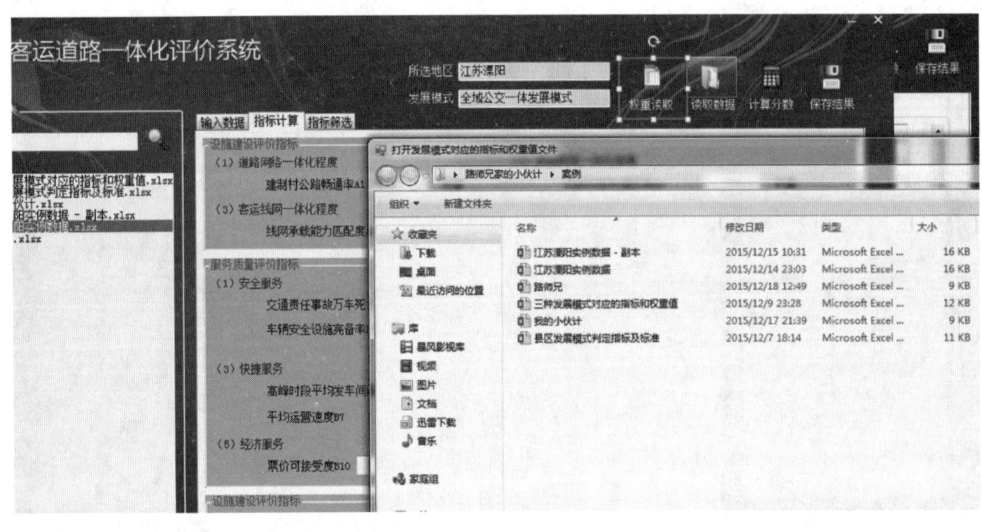

图 9-7　读取权重数据文件界面

输入数据 指标计算 指标筛选

设施建设评价指标

（1）道路网络一体化程度

建制村公路畅通率A1 得分 0.08

（2）场站枢纽一体化程度

行政村班车通达率A2 0.09

基础设施筹建一体化水平A3 0.04

（3）客运线网一体化程度

线网承载能力匹配度A4 0.06

服务质量评价指标

（1）安全服务

交通责任事故万车死亡率B1 0.06

车辆安全设施完备率B2 0.03

（2）便利服务

场站枢纽换乘衔接便捷率B3 0.07

相邻镇村直达率B4 0.03

信息服务一体化水平B5 0.06

（3）快捷服务

高峰时段平均发车间隔B6 0.03

平均运营速度B7 0.03

（4）舒适服务

车辆万人拥有率B8 0.05

高峰时段满载率B9 0.03

（5）经济服务

票价可接受度B10 0.05

设施建设评价指标

（1）运营模式

城乡道路客运车辆公交化比率C1 0.12

（2）市场建设

企业经营模式一体化程度C2 0.07

（3）发展政策

发展政策一体化水平C3 0.1

图9-8 权重读取显示界面

（5）计算分数。

点击“计算分数”按钮，如图9-9所示，系统将自动计算每项指标得分，并给出综合得分。

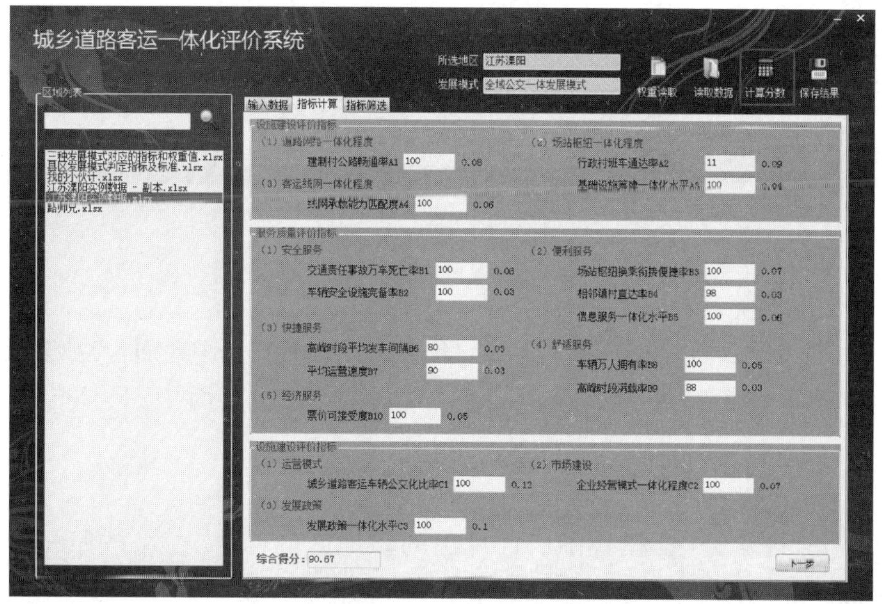

图9-9 “计算分数”按钮界面

计算过程具体包含以下内容。

①指标计算。

根据指标影响因素的数据统计结果,按照每种区域发展模式相应的计算公式计算各项指标的评价结果。

②指标评价。

根据各项指标的计算结果以及评价标准,对相应区域发展模式下的各项指标进行评价,评价结果以百分制分数的形式显示在系统各项指标对应的显示框中。将各项指标的分数进行加权求和即算出该地区的综合得分,该分数在界面的最下方显示,如图 9-10 所示。

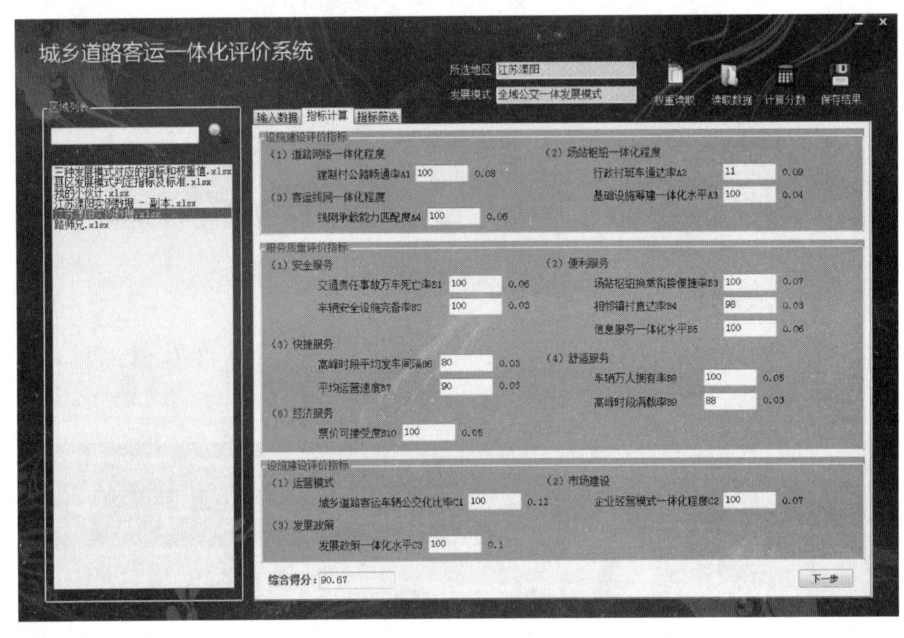

图 9-10　指标分数显示界面

(6)指标筛选。

计算完分数后点击“下一步”按钮,进入“指标筛选”界面,点击“指标筛选”按钮,将每项指标的得分以及薄弱指标显示在界面中,具体包含以下内容。

①综合等级评价。

根据“计算分数”模块中所计算出的该地区的综合分数,按照相应的等级评价标准对该地区的综合等级进行评价并显示在“指标筛选”界面的右上角,如图 9-11 所示。

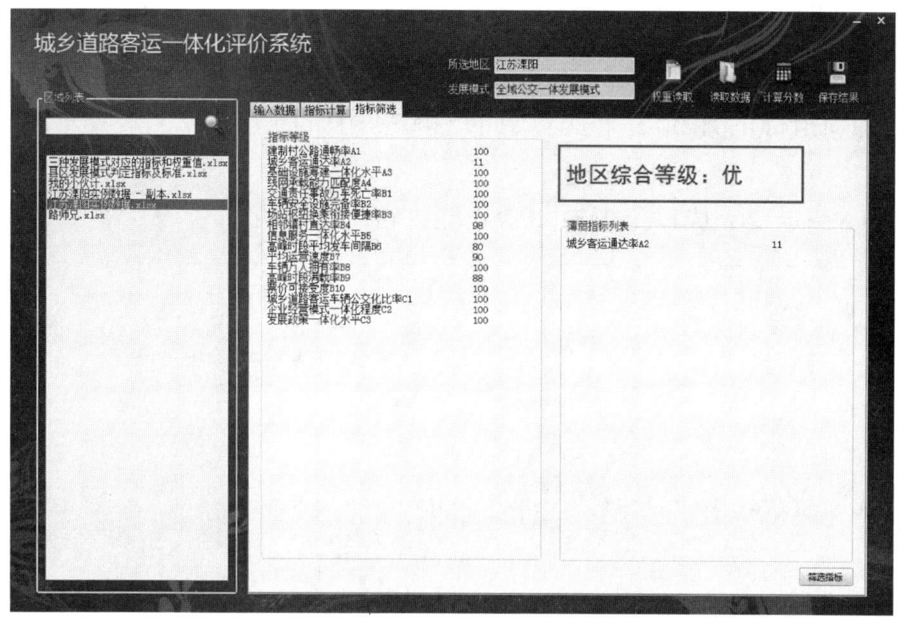

图 9-11 “计算分数”按钮

②薄弱指标筛选。

根据“计算分数”模块中所计算出的该地区各项指标的分数，按照相应的等级评价标准对该地区所有评价指标中得分小于一定范围的指标进行筛选并显示在“指标筛选”界面的“地区综合等级”下方，如图 9-12 所示。

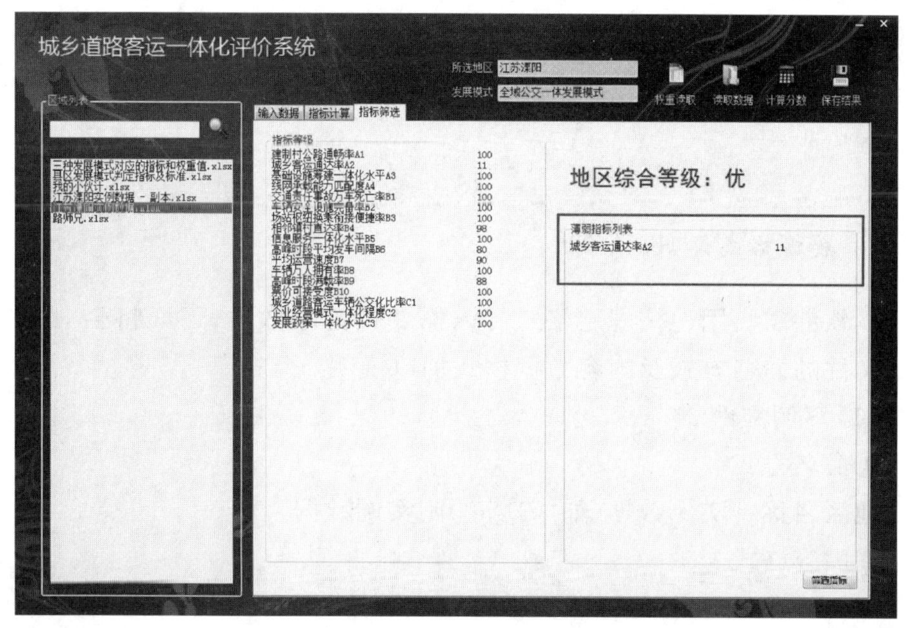

图 9-12 “计算分数”按钮

(7)保存结果。

进行完所有步骤之后,点击"结果保存"按钮,系统会按照三层架构形式将各项指标的评价结果保存到目标路径中的 Excel 文件中,如图 9-13 所示。

注:一定要完成以上所有步骤才能进行结果保存。

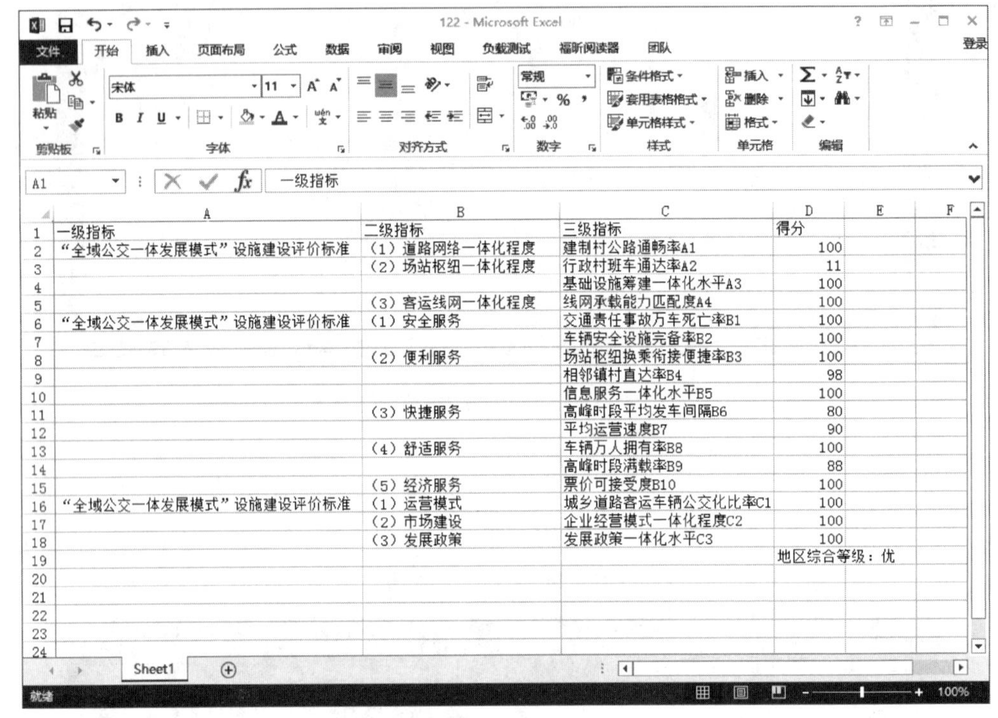

	A	B	C	D	E	F
1	一级指标	二级指标	三级指标	得分		
2	"全域公交一体发展模式"设施建设评价标准	(1)道路网络一体化程度	建制村公路通畅率A1	100		
3		(2)场站枢纽一体化程度	行政村班车通达率A2	11		
4			基础设施筹建一体化水平A3	100		
5		(3)客运线网一体化程度	线网承载能力匹配度A4	100		
6	"全域公交一体发展模式"设施建设评价标准	(1)安全服务	交通责任事故万车死亡率B1	100		
7			车辆安全设施完备率B2	100		
8		(2)便利服务	场站枢纽换乘衔接便捷率B3	100		
9			相邻镇村直达率B4	98		
10			信息服务一体化水平B5	100		
11		(3)快捷服务	高峰时段平均发车间隔B6	80		
12			平均运营速度B7	90		
13		(4)舒适服务	车辆万人拥有率B8	100		
14			高峰时段满载率B9	88		
15		(5)经济服务	票价可接受度B10	100		
16	"全域公交一体发展模式"设施建设评价标准	(1)运营模式	城乡道路客运车辆公交化比率C1	100		
17		(2)市场建设	企业经营模式一体化程度C2	100		
18		(3)发展政策	发展政策一体化水平C3	100		
19				地区综合等级:优		
20						
21						
22						
23						
24						

图 9-13 保存结果

9.3.5 数据格式说明

本软件需要用户按规定格式导入需要计算的数据,下面将会对每个需要的文件的命名方式及内容数据格式加以说明。

(1)算例文件。

①命名方式。

地区名称 + 实例数据,如"江苏溧阳实例数据"。

②内容格式。

Sheet1 表命名为"地区类型数据",按图 9-14 显示的格式输入数据。

Sheet2 命名为"原始数据输入",按图 9-15 显示的格式输入数据。

	A	B	C
1	人均GDP	94224	
2	城镇化率	60.1	
3	人口密度	517.31	
4	行政村公路通畅率	100	
5	地形地貌	平坦	
6	发展潜力	大	
7			
8			

图 9-14　地区类型数据格式

	A	B	C
16	15	配备安全设施的车辆总数	588
17	16	投入运营的城乡客运车辆数	588
18	17	能便捷换乘的站点数量	8
19	18	站点总数量	8
20	19	相邻镇村中有城乡客运线路直达的对数	577
21	20	相邻镇村的总对数	589
22	21	城乡道路客运信息通过互联网对外动态发布	1
23	22	市县城区内三级以上等级道路客运站公布可换乘的城市公交线路信息	1
24	23	开通了统一的交通运输服务监督电话，并保持良好运转	1
25	24	行政区全面实现道路客运联网售票或网络售票	1
26	25	高峰时段平均发车间隔（分钟）	5
27	26	线路平均运营速度	35
28	27	城乡客运车辆标台数	900
29	28	城乡客运高峰时段实载总人数（万人）	1.728
30	29	城乡客运车辆总核载数（万人）	1.8
31	30	全域城乡公交享有低票价	1
32	31	城市规划区内，实行一票制或计程收费制	1
33	32	城市规划区外，实行计程收费制	1
34	33	五类人群免费或优惠乘车的政策扶持	1
35	34	城市公交车辆数	176
36	35	公交化运营的农村客运车辆数	412
37	36	城乡道路客运车辆数	588
30	37	城乡道路客运城镇、区镇线路采用公车公营模式	1
39	38	县镇、镇镇、镇村线路采取公司化经营模式	1
40	39	取消承包模式	1
41	40	取消挂靠模式	1
42	41	市县级行政区域建立了"一城一交"的综合交通管理体制和城乡道路客运一体化多部门联合推进机制	1
43	42	市县级人民政府编制了市县级行政区城乡道路客运一体化发展规划及场站专项规划	1
44	43	市县级人民政府统一了公交化运行的农村客运与城市公交在税费、财政补贴等方面的政策	1
45	44	市县级人民政府出台了支持城乡道路客运一体化发展的政策	1
46			

图 9-15　城乡道路客运一体化发展情况数据格式

（2）权重文件。

关于本表原来的"权重输入"表格，将通过统一读取三种权重数据并通过判断来得到。

按照图 9-16 的格式，三种模式分别输入。注意：请不要在 Sheet 表格的命名中添加双引号，否则数据无法读入。

	A	B	C	D	E
1	"全域公交一体发展模式"设施建设评价标准	(1)道路网络一体化程度	建制村公路通畅率A1	0.08	
2		(2)场站枢纽一体化程度	城乡客运通达率A2	0.09	
3			基础设施筹建一体化水平A3	0.04	
4		(3)客运线网一体化程度	线网承载能力匹配度A4	0.06	
5	"全域公交一体发展模式"服务质量评价标准	(1)安全服务	交通责任事故万车死亡率B1	0.06	
6			车辆安全设施完备率B2	0.03	
7		(2)便利服务	场站枢纽换乘衔接便捷率B3	0.07	
8			相邻镇村直达率B4	0.03	
9			信息服务一体化水平B5	0.06	
10		(3)快捷服务	高峰时段平均发车间隔B6	0.03	
11			平均运营速度B7	0.03	
12		(4)舒适服务	车辆万人拥有率B8	0.05	
13			高峰时段满载率B9	0.03	
14		(5)经济服务	票价可接受度B10	0.05	
15	"全域公交一体发展模式"运营管理评价标准	(1)运营模式	城乡道路客运车辆公交化比率C1	0.12	
16		(2)市场建设	企业经营模式一体化程度C2	0.07	
17		(3)发展政策	发展政策一体化水平C3	0.1	

全域公交一体发展模式 / 城乡客运协同发展模式 / 城乡服务等值发展模式

图9-16 权重文件数据格式

第10章　我国城乡道路客运一体化推进方法与措施

本章在明确推进城乡道路客运一体化实施主体与角色、职能分工的基础上，深化研究成果运用，分别对省部级和市县级交通运输主管部门，在体制机制、法律法规、财税补贴、安全监管、政策扶持、管理方法等方面提出发展各种模式的具体推进方法，有针对性的指导各级交通运输主管部门，制定推进城乡道路客运一体化的方法。

10.1　实施主体与角色、职能分工

城乡道路客运一体化改革，是一项涉及面广、政策性强，利益关系复杂的系统工程，必须充分发挥政府的主导作用。加强领导，及时协调解决改革工作中遇到的问题。总体来说，各级政府在提供旅客运输服务中的职能与作用主要包括以下几方面（表10-1）。

城乡道路客运一体化的参与主体与角色分工　　表10-1

参与主体	角　色	职能分工
部级交通运输主管部门	国家决策部门	国家层面的法规、规划、政策及财政支持
省级人民政府及交通运输主管部门	省级决策部门	省级层面的法规、规划、政策及财政支持
本级政府及其城乡道路客运管理部门（地级及县级城市）	责任主体	本级法规、规划，市场准入、监管，财政与政策扶持
城乡道路客运企业	服务提供主体	为城乡居民提供城际、城市、城乡、镇村等四级客运网络提供优质服务
行业协会等中介服务机构	技术支持机构	技术服务标准制订及质量信誉考核等

（1）完善调控手段，合理配置各种运输资源。

政府必须根据市场需求，完善以经济手段为主，综合运用经济、法律、行政手段，对城乡道路客运主体、各种运输形式的车辆发展规模、城乡道路客运行业发展方向进行有效调控。

利用规划、政策等行政手段，综合利用城乡道路客运各种线路与站场资

源,科学设计公交车、客运班车运营线路和运营时间、发车班次和票价等,合理调配运力。鼓励城市公交向农村延伸,最大限度合理安排农村客运班车进城。利用价格、税费、信贷等经济杠杆,以对经营主体的经济利益调节,来推动城乡道路客运协调发展。通过价格调整解决运输经济效益与社会效益的矛盾,使城乡道路客运企业按照市场供求机制,调整客运经营形式和车辆技术结构,为旅客提供安全、及时、舒适、经济、便捷的服务。政府要充分发挥以价格机制为主的价格、供求和竞争三位一体的市场机制作用。充分发挥市场调节功能,通过竞争机制,促进城乡道路客运经营主体,实行企业的收购、兼并、股份制重组,实现经营主体多元化、客运组织公司化。

(2)建立统一的市场准入、监管与退出机制。

实现城乡道路客运一体化,要逐渐建立公平合理、协调有序的市场环境,以实现相互促进、共同发展的良好模式。

在无形市场建设方面,政府应树立城乡道路客运市场一盘棋思想,对城乡道路客运实行统一的市场准入制度和服务规范等。当前城乡旅客运输共同存在的问题是市场准入门槛过低,市场趋于饱和、过度竞争的现象还很严重,而且城市公交和城乡道路客运缺乏有效的退出机制,市场有进无出,优胜劣汰的局面还没有形成。实行城乡道路客运市场统一管理,应做到政令统一、处罚规范,以营造公平竞争的市场环境、降低行政管理成本、消除部门保护,最终推动城乡旅客运输内部各种经营形式的健康发展。

(3)制定统一的城乡道路客运运营和管理政策。

目前,由于管理体制不同,城乡旅客运输中价格制定、税费政策等都不相同。从市场公平的角度看,运行在相同线路上的城乡旅客运输车辆,所执行的票价政策、税费政策和补贴政策应该是相同的,不应以管理体制分割问题而产生不平等,从而使市场缺乏公平性。因此,要实现城乡道路客运一体化管理,首先应针对城乡道路客运制定统一的发展政策和经济政策(运价政策、税收政策、投资信贷政策)。其次,采用统一的法律法规体系,以规范城乡道路客运的管理。

10.2 省部级交通运输主管部门的工作推进方法研究

10.2.1 统一思想认识,强化政府责任

进一步强化对城乡道路客运公益性的认识。在国家层面进一步明确并

强化农村客运的社会公益性，树立农村客运公益性的法律地位和政策基点。将农村客运与城市公交放在同等的重视程度，统筹财政投入、设施建设及土地供给等扶持政策，确保城乡居民平等享有基本公共服务的权利。进一步强化城市公交社会公益性的认识，明确城市公交在城市客运中的优先发展地位，按照“投资安排优先、场站用地优先、路权分配优先、财税扶持优先、换乘衔接优先”五个优先的指导原则，全面落实公交优先战略，维护城市公交的公益性特征和属性。

进一步强化政府统筹城乡道路客运的责任。明确各级政府在统筹道路客运协调发展中的主体责任，积极争取将发展城乡道路客运纳入到政府重要议事范畴，将扶持城乡道路客运发展资金纳入公共财政体系。进一步明确各乡镇政府在农村客运管理体系中的职责，逐步建立由县级人民政府领导、交通运输主管部门负责、乡镇政府配合的农村客运行政管理体系。力争将城乡道路客运发展纳入文明城市等城市综合考评体系，强化城市人民政府对城乡道路客运发展的责任意识。

10.2.2 理顺管理体制，完善协调机制

建立统一的城乡道路客运管理体制。引导地方主管部门加快探索和完善“一城一交”的综合交通管理体制，督促深化地方交通运输大部门体制改革，明确交通运输部门对城乡公共客运实施统一管理。鼓励条件成熟、基础较好的城市尽可能实现公路和城市道路管理体系的整合，统一纳入交通运输部门的管理范畴。理顺纵向行政组织结构，明确各级交通运输主管部门在促进城乡道路客运发展中承担的角色和职责。当前，地方政府机构改革尚在全面推进中，建议交通运输部加强与地方政府的沟通，协调和敦促地方政府按照中央关于“加快形成城乡一体的综合交通运输体系”的要求，建立一体化的城乡交通运输管理体制。

构建跨部门的协调和联动机制。理顺交通运输部门与相关部门的关系，加强与建设、公安、工商、税务等部门的协调与衔接，明确城乡道路客运发展所涉及的投资、土地、运营、监管等领域的管理职权，建立协调机制指导意见。其中，明确地方政府作为城乡道路客运发展的第一责任人，在其指导监督下成立由交通运输部门牵头的城乡道路客运发展联席会议制度，发改、公安、财政、规划、国土、建设、物价、税务等相关部门参加，共同协调城乡道路客运发展规划和政策。

建立跨区域交通沟通协调机制。在省部级主管部门的协调下，建立区域间统筹客运协调发展的定期沟通协商机制，加强区域间的联络与协调。适当下放毗邻地市城乡道路客运的管理权限，由相关地市自主规划、管理短途客运班线、跨市公交线路。

10.2.3 加强统筹规划，优化资源配置

构建一体化的城乡道路客运规划体系。明确城市交通运输部门在城乡道路客运发展规划编制中的责任和地位，建立城乡道路客运发展规划协调机制。敦促地方政府高度重视城乡交通一体化发展规划编制，把城乡道路客运一体化纳入地方各级城镇体系总体规划。指导各级交通运输主管部门立足统筹城乡公共交通协调发展的角度，整合公共客运资源，尽快编制涵盖从区域到城市、从城市到卫星城和农村的层次分明、互相衔接、完善配套的城乡道路客运发展专项规划，注重统筹城市客运和农村客运的协调发展，促进网络有效衔接和融合，统筹城乡道路客运服务的提供。城乡道路客运一体化专项规划的编制与实施过程中，应当由交通运输部门会同国土、财政等相关部门严格按照国家规定的程序做好专项规划的审查、报批工作，并定期对规划的实施情况进行监督检查，确保规划的严肃性和稳定性。

行使交通部门在总体规划中的话语权。考虑到城镇总体规划的制订、审定权掌握在空间统筹综合部门，交通运输主管部门作为承担其中交通规划实施的部门，应当主动协调并参与规划全过程，充分行使话语权，避免事后被动。要重视把城乡道路客运一体化规划、客运基础设施建设规划等纳入城市总体规划和各类法定规划之中，划定城乡道路客运基础设施用地范围，保证用地需求。

10.2.4 完善法规体系，强化标准衔接

推进法规制度的完善和修订工作。加快建立城市公共交通法规体系，研究建立一系列配套规章和制度，指导和规范地方城市公共交通立法工作。结合统筹城乡道路客运协调发展中的重大问题，及时修订《道路运输条例》及其配套规章。加紧开展调查研究，梳理原交通部和原建设部以及地方政府出台的有关城市客运、道路客运的相关政策、法规、部门规章，找出相关交叉、矛盾、模糊的问题。

构建协调配套的标准规范体系。建立健全城乡道路客运有关建设、运

营、服务、安全等方面的标准和规范体系，切实解决城乡道路客运一体化推进过程中遇到的车速、车型、场站等标准的衔接问题。在过渡阶段，指导各地应根据本地实情，充分考虑交通设施条件，尽力与公安部门协商，解决道路班线客运公交化运作中的站位问题。加快制定包括城乡道路客运营运技术标准、服务质量指标体系及质量信誉考核办法等一系列标准和规范，积极引导城乡道路客运规范化服务，提高行业文明水平。

10.2.5 强化政策扶持，确保优先发展

建立城乡道路客运多级公共财政保障体系。加快建立城乡道路客运优先的长期、稳定的资金投入渠道和多级公共财政保障体系，逐步形成以制度性公共财政补贴为主，以土地划拨和税费减免等优惠政策为辅，以专项补贴和补偿为补充的财政支持保障机制。要在中央财政的引导下，形成中央、省、城市（包括市、县级城市）三级财政共同投入的长效机制（建议各占1/3比例）。要把扶持城乡道路客运发展纳入公共财政体系，每年安排一定比例和数额的财政资金，用于支持城乡公共客运的发展，对车辆购置更新、场站建设、企业政策性亏损、其他公益性服务进行专项补贴等。中央财政要加大对城乡道路客运的支持力度，应考虑加大车购税对城乡道路客运的投入比例，如提高车购税中老旧汽车更新改造专项资金的比重，加大城乡道路客运车辆更新改造的补贴力度。进一步明确和稳定燃油税返还地方资金中用于城乡道路客运站场及其相关设施建设专项资金比例和规模，对燃油税增量部分要加大对城乡道路客运的倾斜力度。激励地方各级政府积极探索建立城乡道路客运发展专项资金，由本级财政每年在城市建设维护费、城市公用事业附加费、基础设施配套费、土地出让金等收入中安排与经济发展相适应的提取比例，专款专用。指导各市、县人民政府在国家和省级专项补助资金基础上，多方筹资，加大本级财政配套力度，确保城乡道路客运发展资金投入。

积极探索多种补贴扶持政策。探索对城乡道路客运经营企业采取先征后返等多种形式的税费减免，研究制定城乡公交企业免征营业税等经济政策，规范各地对公交企业的税费征收项目。对城乡道路客运企业提供贷款贴息、车辆保险金优惠等政策。对于公交车辆及设施装备更新、信息化建设、政府要求购置的新能源和新技术车辆等方面实施专项补贴政策。

鼓励社会资本投资城乡道路客运领域。开拓多元投资渠道，充分引入

社会资金，鼓励企业投资兴建城乡道路客运场站及服务设施，政府应提供征地拆迁等优惠和便利，享受公益性用地政策。对于已建及待建客运站、招呼站、公交停靠站等可通过赋予特许经营权、商铺经营权、冠名权、广告权等方式盘活存量资产，扩充增量资产，滚动筹集资金。

10.2.6 完善配套机制，加强市场监管

完善市场进入和退出机制。加快制定城乡道路客运服务特许经营制度及其实施细则，规范政府和经营者行为。建立城乡道路客运营运及服务的执行和监管机制。在大力打击非法营运的同时，建立经营主体服务承诺考核制度和区域客运市场退出机制。对客运企业实施安全评价考核，把企业承担安全责任的能力，作为市场准入和退出以及确定许可企业经营范围的重要条件。

完善财政补贴和补偿机制。建立规范的城乡公交成本监测制度、政策性亏损评估及财政补贴制度，即：建立城乡公交补贴评价指标体系，对公交企业的成本和费用进行年度审计与评估，合理界定经营性亏损和政策性亏损，并对政策性亏损给予财政补贴。积极探索城乡道路客运“线路分级、科学补贴”机制，根据线路分布、客流量、预期经济效益和社会效益等指标，将线路实行分等级管理，按等级给予不同补贴，建立城乡道路客运服务质量考核评价体系，并将服务质量与财政补贴挂钩，促进补贴的科学合理性。同时，要建立起以公交车辆标台、客运量等为主要考核指标的中央燃油补贴体系。倡导由地方政府设定财政补贴应急储备金，确保燃油价格迅速上涨、突发公共事件等导致企业经营困难时，补助补贴资金及时足额到位。当前建议由交通运输部牵头，会同财政部、国家税务总局等部门，就城乡道路客运的经营成本、运输价格、效益情况等进行全面深入的调查，研究并提出统筹城乡道路客运发展的财政补贴政策与具体实施方案，指导和监督各级地方政府加快相关财政改革政策和制度建设。

完善城乡道路客运的运价机制。在综合考虑政府财力有效利用的前提下，按照城乡道路客运的不同属性，探索建立以适应成本变动为基础、兼顾社会承受力的价格形成机制。完善公交运营成本核定程序，为公交价格管理提供依据。在适当的时候允许经营者在确保普遍服务的前提下，通过举行价格听证，适当调整票价，减轻经营压力，保证公共交通的可持续发展。

完善企业的财务监管机制。定期向社会公示城乡道路客运企业经营服

务状况，鼓励和引导企业将高于设定平均水平的收益用于强化服务管理，提高服务质量。建立有效的公共交通补贴监管机制，使公共交通补贴专款专用，充分发挥公共交通补贴效益。

10.2.7 分类有序推进，试点探索实施

因地制宜分类推进各地城乡道路客运一体化发展。各地在统筹城乡道路客运协调发展的实践中，应学习借鉴先进经验，因地制宜地确定推进类型，总结先进经验予以推广。

开展城乡道路客运一体化试点工程。结合大部门体制改革、燃油税费改革、统筹城乡和区域发展战略等新形势、新要求，进一步总结各地统筹城乡道路客运协调发展的经验，开展新一轮试点工程建设。在总结农村客运网络化试点的基础上，积极依靠各级地方政府，成立专项工作小组，精心制定工作方案，选择不同类型的地区或线路进行不同类型的试点，在试点中鼓励政策创新、制度创新、模式创新，树立典型并予以大力推广，以点带面促进城乡道路客运统筹协调发展。

10.3 市县级交通运输主管部门的工作推进方法研究

10.3.1 城乡道路客运一体化的体制机制发展方略

(1)理顺管理体制，成立城乡道路客运一体化领导小组和管理部门。

以市政府分管交通运输的领导为组长，以交通、发改、财政、规划、建设、国土、公安、安监等多部门为成员，成立市级层面的城乡道路客运一体化专项领导小组，负责全市城乡道路客运一体化工作的指导、协调、监督、政策制定以及发展规划的审批，明确各部门的具体职责，确保城乡客运快速、健康的发展。同时，提升交通管理部门在规划、土地使用等方面的话语权地位，即全市在制订城乡总体规划、城市综合交通规划、土地利用规划等时要求交通管理部门提前介入，便于城市公共交通和农村客运在内的综合交通发展具有一定的前瞻性和战略性。各区县政府应成立下一级组织协调机构，负责推进城乡道路客运一体化发展的具体工作。

建议将区县境内区域的班线管理权限全部划入公共汽车管理的部门，将公共汽车管理部门调整为城乡道路客运管理部门。城乡道路客运管理部

门负责主城区城市公交与农村客运的行政管理工作、一体化发展规划的编制工作，同时指导相关运营管理和方案实施工作，进一步理顺交通系统内部管理体系，实现城乡道路客运的统一管理。

(2)完善管理机制，建立城乡道路客运一体化发展支撑体系。

①制定城乡道路客运发展规划动态调整机制。由于经济社会的快速发展，城市化进程的加速推进，人口不断从农村向城市聚集、城市面积外拓、产业结构与布局的调整与更新等，导致编制的发展规划难以实现一劳永逸，必须根据各种情况的变化进行及时调整。制定城乡道路客运规划动态调整机制，实现城乡道路客运一体化发展规划(含城市公交与农村客运场站规划及相应的基础设施规划)与城镇总体发展规划、综合交通发展规划等的相互协调，保持"三同步"(即同步修改、同步落实、同步推进)。

②完善城乡道路客运市场准入退出机制。依据《道路运输条例》《城市公共交通条例》以及交通运输部颁布的相关规章，结合本地城乡道路客运一体化不同类型开行客运线路运作模式的差异，明确城市公交线路延伸的管理，按照城市公共交通管理的相关法律法规和标准规范实施；对实现农村客运全覆盖的线路管理，按照道路运输相关的法律法规和标准规范实施；对推行农村客运"公交化"的线路管理，可参照城市公交的管理办法实施。

③建立城乡道路客运服务监管考核机制。根据各地的实际情况，借鉴典型城市的经验做法，研究编制《城乡道路客运服务考核办法》，并将其与城市客运市场准入退出、城乡客运持续发展财政补贴政策等紧密挂钩，实现对区域的统一管理。该《考核办法》主要采用"政府考核、公众监督"的形式对客运企业的生产安全、运营安全、管理水平、客运服务水平等进行严格考核与监管，形成企业、线路、从业人员三级服务监管体系与处罚体系。

该《考核办法》将结果划分为优秀、良好、一般和不合格四个等级。对初次考核不合格而次年仍未达到一般水平的客运企业，将严格勒令其退出公交客运市场；对考核结构达到一般及以上水平者，可按等级享有企业亏损补贴、优质服务补贴以及冷僻线路专项补贴等。

④加强城乡道路客运安全管理。认真贯彻落实交通运输部、公安部、安监总局《关于进一步加强和改进道路客运安全工作的通知》(交运发〔2010〕210 号)的要求，明确区县、乡镇政府实施农村客运安全监管的具体职责，进一步完善车型标准、通行条件、安全监管等方面的制度，实现由区县运管所、公安和安监部门联合办公，综合提出适合农村线路运营的车型、载客限载、

运行限速、通行时间等指标,联合审核批准城市客运向农村地区延伸以及班车客运“公交化”改造的线路设定等。

10.3.2 城乡道路客运一体化安全监管

城乡客运事关人民群众生命财产安全,事关社会和谐与稳定。特别是城乡客运安全是道路运输安全的薄弱环节,因此,必须引起高度重视,加强安全监管,是城乡客运健康发展的一项长期基础性工作。在确保城乡客运线路路况安全畅通的情况下,应以落实各级管理主体安全管理职责为中心,提升城乡客运服务水平,维护城乡客运市场的正常经营秩序,保护广大农民的生命财产安全,建立和完善有序的市场竞争机制。

各区县人民政府要把城乡客运安全管理作为重中之重,建立完善的安全管理标准和体系;充分发挥乡镇人民政府和基层安监部门、基层公安派出所等城乡客运安全监管等方面的主体作用;与当地政府、交通主管部门沟通协调建立委托监管执法机制,实行授权下放,完善城乡客运市场秩序监督检查、农村非法客运整治、城乡客运站安全管理、路面监管等方面的监管机制;提高管理效率,实现政府的权责统一;建立完善的城乡客运企业安全管理制度并认真督促检查落实。

(1)加强城乡客运驾驶人安全监管。

交通运管部门要严把客运驾驶人从业资格关,建立客运驾驶人从业资质审验制度,对不符合营运要求的驾驶人取消营运资质。要完善驾驶员准入机制,提高准入门槛。要督促客运企业建立客运驾驶人退出机制和“黑名单”制度,将严重交通违法行为、责任交通事故、违反安全生产规章制度等情况记录在案,并报送交通运管部门、企业主管部门备案,实施累计处罚,对屡教不改的客运驾驶人实行“终身禁驾”规定。运输企业要抓好所属驾驶人的日常管理和道路交通安全教育工作,组织安全学习,将学习情况与驾驶人的绩效考核挂钩。交通运管部门要将客运企业和场站对客运驾驶人安全生产考核结果,作为每年定期审验营运资质的依据。

驾驶人培训机构要严格按照培训考试要求,组织驾驶学员培训,着力提高驾驶培训质量,增加交通安全教育课程比重,增强驾驶人的驾驶技能和综合素质。培训机构主管部门要加强监督管理,完善培训质量考核评比制度,建立驾驶培训学校准入和退出机制,公安交管、农机部门要严格审核驾驶证申请人条件,规范考试程序,严格考试标准,严肃考试纪律,严把考试质量关。

(2)加强城乡客运车辆安全监管。

①提高城乡客运车辆的监管水平,积极推进卫星导航与定位系统的安装。发挥卫星导航与定位系统对客运车辆定员、限速、沿规定路线行驶的动态监控作用,全面提升运输企业对城乡客运车辆运行监管水平,为城乡居民安全出行提供保障。利用卫星导航与定位系统对客运车辆设定隔离运行速度,降低车辆能源消耗。通过卫星导航与定位系统监控平台,及时发布各种预警及服务信息,规范驾驶和乘务员的操作,提高客运车辆服务水平。对卫星导航与定位系统实行联网,及时获取客运车辆运行信息,提高对客运车辆的监管水平。

②做好车辆检测,确保车辆安全技术性能,实施主动维护。加强车辆维护意识,督促车主主动展开经常性的维护检查,保证车辆安全技术性能。严格客运车辆准入制度,保证投入运行车辆符合国家有关规定,防止非客运车辆、报废车辆、安全技术条件达不到要求的车辆进入城乡客运市场;强化对营运车辆安全技术性能的监督,提高安全保障;规定城乡客运企业必须建立健全车辆日常例行检查制度,重点检查制动系统、轮胎,做到及时发现车辆技术问题及时解决,避免由于车辆技术问题发生客运安全事故。加强对客运车辆技术状况的监督,逐步淘汰老旧客车和技术状况不达标的车辆。同时,通过一定的财政和政策支持,加速城乡客运车辆的更新。

③打击非法营运车辆。联合有关部门严厉打击拖拉机、农用运输车、机动三轮车非法营运,保证农村群众出行安全得到有力保障,同时使客运市场秩序得到明显好转,农村群众合法权益得到有效维护。

(3)加强农村道路安全监管。

①督促道路安全设施的建设及管理。落实安全管理人员和经费,加强道路安全隐患排查整治和日常巡查。道路新建、改建、扩建必须同步设计、同步施工、同步验收交通安全设施,凡未同步设置交通安全防护设施的,一律不得投入使用;对需要建设灾害性天气检测预警设施的,及时纳入道路新建、改建、扩建安全设施范围。

②做好公路技术条件的评定、审查。对开通城乡客运的农村公路,进行技术等级的评定和审查,客运车辆开行之前需要进行路面技术状况的综合论证。线路运行后,交通部门要对路面质量、安保设施定期开展隐患排查,尤其是对临崖、临水、急弯、陡坡、桥梁等危险路段的排查,并督促道路业主进行整治,优先安装防撞护栏,逐步提升与拓展“公路安保工程”覆盖面。

③加强农村道路路检路查。公安交通管理部门狠抓路面管控，从严查处机动车超速、客车超员、货车超载、酒后驾驶、无证驾驶、无牌无证车辆和报废车上路等严重交通违法行为，大力规范路检路查工作，实现路检路查制度化、常态化。

交通部门加大对机动车非法营运打击力度，开展长效治理，建立长效机制。

各乡镇人民政府及公安部门要履行乡村道路交通安全管理职责，加强乡村道路交通安全管理工作，加强隐患排查，强化道路交通安全宣传，加大对区域内客车超速、超载，低速货车、拖拉机载客，摩托车超载等严重交通违法行为的打击力度。

（4）加强城乡客运企业和客运场站安全监管。

①交通运输管理部门要建立运输企业安全生产考核评估制度，完善企业安全服务质量信誉考核机制。对运输企业落实安全生产规章制度、开展安全生产隐患排查整治等情况进行考核评估，并将评估结果作为企业市场准入、奖优罚劣以及有关部门评定企业主要负责人薪金标准的重要依据。要深化客运企业安全生产专项治理，指导企业建立健全交通安全管理机制和行车安全管理制度。

②公安交通管理部门要建立城乡客运企业、客运场站道路交通安全例会制度，定期通报交通事故、交通违法和车辆、驾驶人年检年审情况。

③城乡客运企业、场站要严格客运驾驶人、客运车辆和客运线路动态监管，做到客运驾驶人、所驾客运车辆、运行线路“三统一”，严禁临时调整客运驾驶人、车辆和运行线路。要建立安全例会制度，每月至少召开一次安全评析例会，通报驾驶人、从业人员和机动车交通违法、交通事故情况以及企业、场站的安全隐患排查整治情况。

④建立健全和完善客车进站检验合格报班等安全生产制度，明确安全责任，落实安全措施，以制度约束人，以制度管理事，使整个安全工作步入良性循环的轨道。

⑤实行营运客车进站规点治理，加强站务安全管理；确保客运站质量安全可靠；根据客流时空分布，强化赶集、庙会等客流量较大时段的安全管理，加强执勤和巡逻，确保旅客生命财产安全。

⑥根据外部交通环境，合理组织客流、车流和行包流线，尽可能地避免车站内外各类流线的交叉干扰和对城市道路交通的影响；设置交通标志标线、信号装置等设施。

10.3.3 城乡道路客运一体化的补贴与政策扶持

城乡道路客运享有国家补贴政策，各地在全国共有的补贴政策基础上也实行了适宜于地方的补贴政策，但从总体来看，现行的补贴机制对象仍不明确，提出以下建议。

(1)加大基础设施建设扶持力度。

加大城乡道路客运基础设施建设，尤其是对城区至乡镇、乡镇至行政村、行政村至行政村的客运基础设施建设加大投入力度，根据客流需求，对部分已建成农村公路实施道路改造工程，适当提高新建农村公路建设标准，并完善公路安保设施建设。同时，规划建设标准适宜的乡镇客运站(候车亭、招呼站)；在城乡公路干道沿线规划建设港湾式停靠站、沿途招呼站，并配套完善候车亭、站牌等设施。加大对农村客运站点的补贴力度，适当提高等级客运站、农客招呼站的补贴金额，并将简易客运站建设纳入补贴范围。

(2)建立企业政策性亏损测算及补贴机制。

①建立企业亏损补贴。鉴于城乡道路客运准公共产品属性的定位，针对企业利弊政策所导致的城乡客运企业政策性减收和政策性增支，将其合理地划分成价格政策性亏损、乘客福利性亏损、政府指令性亏损、燃料政策性亏损及其他政策性亏损(如车辆购置补贴)五大类，以“动态测算、区别对待、全面系统、公平公正”为原则，建立企业政策性亏损测算及补贴机制，选择道路客源、运营车辆类型、运营班次、运营时间、投资金额等作为参数指标，针对上述五大类研究提出各类企业政策性亏损测算模型用于计算结果，并将五类结果汇总后得到各企业的亏损总额，给予企业亏损补贴。

②完善客运企业营运财政补贴。城乡客运实行低票价政策，物价部门要会同交通部门制定科学合理的农村客运上限运价及定价规则。由于农村客运票价价格、乘客福利以及完成政府指令性工作等造成企业营运亏损，在补贴执行中，建议各地财政充分考虑，予以支持。针对已建立完善 IC 卡刷卡收费系统的地区，由 IC 卡信息结算中心通过数据核实后据实补贴。

(3)冷僻线路专项补贴。

冷僻线路专项补贴，是城乡客运运营企业严格完成政府指令性工作，开行部分偏远地区等收支失衡的线路，给予的奖励性补贴。对开行效果较好的企业，给予额外奖励。该项补贴是以保证客运企业微盈利、调节市场氛围、保障城乡居民基本出行为目的而制定的，最终将以财政转移支付的形式返还给客运企业，实现城乡客运可持续发展。

(4)实施城乡客运购车补贴政策。

对更新改造的公交车辆、农村客运车辆给予补贴，已有补贴的地区随着物价的攀升，适当提高标准。对城乡接合区班车客运企业因执行城市公交服务标准提前报废、更换车辆，按新购公交车与原车辆折价后的差额由市财政给予补贴。

(5)实施土地预留机制及税费减免政策。

凡经城乡总体规划、综合交通规划、城乡公交网络线路方案等确定的综合运输枢纽、公交停车场、首末站、换乘点、农村客运站等重要基础设施，有限安排建设用地计划，实施规划贡献、国土红线双冻结，确保不被任何单位或个人挪作他用，并预留远期交通发展的用地优先权。此外，对非营业性的站场用地可由政府采用划拨方式提供，同时允许企业对用地进行综合开发；征地拆迁按地方重点工程的有关政策给予补偿。公交企业和农村客运企业免征企业营业税。

附录　我国城乡道路客运一体化发展调研报告

1　调研基本情况

2015 年，交通运输部为推进行业难点问题治理和重大研究（政策储备）工作，有针对性地选定了《2015 年交通运输部机关调研选题》，组织进行了重点调查研究工作。交通运输部科学研究院作为技术支持单位，协助部运输服务司就重点选题之一《推进城乡交通一体化发展情况调研》开展了实地调研和评估考核。通过实地考察、梳理地方经验、组织评估考核等相结合的方式，系统总结了各地城乡交通一体化发展的成就和问题，全面梳理了各地在基础设施、管理体制、经营管理、票制票价、扶持政策、信息化、安全管理、发展评价等等方面的经验和案例，深入分析了当前城乡交通一体化发展面临的形势和要求，提出了加快推进城乡交通一体化发展的总体思路、基本原则和重点工作建议。

本调研报告就针对其中的城乡道路客运一体化部分进行详细介绍。

2　推进城乡道路客运一体化发展的成效和经验

总体看，我国各地高度重视城乡道路客运一体化推进工作，积极贯彻落实部相关实施意见，从设施建设、体制机制、服务能力、经营管理、运营方式、票制票价、政策法规、信息化建设、发展水平评价等方面，深入推动城乡道路客运一体化发展，取得了良好成效。

2.1　城乡交通基础设施一体化建设快速发展

2.1.1　积极改善道路通车条件

近年来，各地交通运输管理部门坚持新建、改建公路安保设施与主体工程同步设计、同步施工、同步竣工、同步验收原则，在设计施工时充分考虑道路客运班车、公交客车安全通行条件，同时加快提升建制村公路通畅率，积极修建出行集中的重要节点的通连公路。

截至2014年，全国农村公路（含县道、乡道、村道）里程388.16万公里，比上年末增加9.68万km，其中村道222.45万km，增加7.71万km。全国通公路的乡（镇）占全国乡（镇）总数99.98%，其中通硬化路面的乡（镇）占全国乡（镇）总数98.08%、比上年末提高0.28个百分点；通公路的建制村占全国建制村总数99.82%，其中通硬化路面的建制村占全国建制村总数91.76%、提高2.76个百分点。

2.1.2 努力实现城市道路与公路衔接

各地在发展城乡道路客运一体化时，积极探索建立相容的施工标准和方案，将两套交通运输体系进行整合。一是针对公路，在新改建时同步配备以促进城乡公交发展为导向的城乡道路客运设施，如港湾式停靠站、硬路肩、标志标牌等。二是针对城市规划区内以及贴近城市近郊区的区域，注重预留道路管线等城市道路改造的空间。三是城乡接合部的公路设计建设采取逐步变化的方式，避免出现技术标准的突变。

2.1.3 加强农村客运站点建设投入

近几年在大力扶持农村客运发展背景下，农村客运场站建设基本建立了较为完善的国家和地方多级政府投入机制。一是对纳入交通运输部基本建设计划的农村客运站，国家补贴的标准按东、中、西部，每客运站分别为10万元、15万元、20万元的差额补贴，同时要求各省以不低于国家补贴的金额进行配套，余额由地方补足。二是对未纳入交通运输部基本建设计划的农村客运站，实行省和地方政府联合建设的模式，省补贴部分建设资金，其余由地方补足。

案例1 各地建站资金投入典型模式

东部福建省。由当地政府负责征地拆迁、组织建设。建设资金由交通部门对土建部分予以适当补助，其余部分由当地政府统筹解决，也可采取多种渠道吸引社会资金投入。

中部河南省。放开建设投资市场，优先吸引社会资金以独资、合作、合资、联营等方式参与场站建设。对社会公益性强，难以通过市场融资建设的场站，采取政府直接投资或政府补助的方式进行建设。

西部四川省。采取股份制建站。站站结合，即将乡镇运管站和乡镇汽车站结合。个体办站，车站的经营效益归个人。线路专营，合资办站，即拥有线路专营权的车主共同出资修建基础设施。

2.1.4 强化城乡交通基础设施管理

加强政策引导,不断完善站场配套设施和服务功能,确保已建成的客运站(亭)、公交站及时投入使用。如宁夏回族自治区政府和交通运输厅面向社会承诺,将在全区实施农村客运招呼站民生工程,为确保基础设施建设并尽快投入使用,道路运输管理局出台保证政策,采取三项措施保障工程顺利完成。一是安排人员对项目工程进行跟踪处理,提前做好设计、审批、选址、协调建设等各项工作,确保了工程按期开工和顺利进行。二是按照工程要求,安排人员对招呼站工艺、质量进行严格把关,积极协助解决施工困难,有效保证了工程质量和工程进度。三是要求各运管机构加强对农村客运招呼站的后续管理,做好维护工作,让农村客运招呼站真正惠及民生。截止到2014 年年底,覆盖全区 12 个县(市)区的 248 个农村客运招呼站已全部建成,通过验收并投入使用。

创造良好的乘客乘(候)车和车辆运行停靠环境。如山西忻州市在制定农村客运候车亭维护管理办法中要求,一是进一步明确农村客运候车亭管理的主体,县级运管所对辖区内候车亭具体负责维护与管理工作。二是为配合各县所做好农村客运候车亭的日常维护工作,市运管局与广告公司达成协议,责成农村客运候车亭由广告公司经营广告业务并每月负责清洗打扫卫生一次,发现损坏情况及时向市、县运管机构报告;三是委托安装候车亭的企业,承办候车亭的维护修理,费用统一由市运管局专项资金支付;四是损毁严重不可修复的候车亭,各县运管所要及时清除,并照相、记录存档,作为下年度更换新候车亭的依据。

充分发挥各种力量,着力加强农村公路、客运站、公交站(亭)等基础设施的养护与管理,保持基础设施完好,提高使用效率。

案例 2　甘肃省农村交通基础设施建设情况

甘肃省在集中连片特困地区启动交通扶贫攻坚行动,将村道硬化列为甘肃省集中扶贫攻坚行动“六大突破”之首,将农村公路建设作为“联村联户、为民富民”行动“六个全覆盖”之一。截至 2013 年,甘肃省农村公路总里程达到 11.56 万 km,100% 的乡镇和 58% 的建制村通沥青(水泥)路,建制村通畅率较 2012 年提高了 8 个百分点。全省乡镇汽车站达到 1184 个,建制村汽车停靠站点达到 11522 个,覆盖 93.8% 的乡镇和 68.4% 的建制村,全省乡镇通班车率达到 99.5%,建制村通班车率达到 86.57%。主要做法如下:

以政策支持为基础。省委、省政府实施的“政策支持为项目提升工程”和“项目提升工程扶贫攻坚行动”，都把交通基础设施建设作为主要内容之一，为农村交通基础设施加快发展提供了政策支持。

以资金保障为重点。面对农村交通基础设施建设筹资难题，省委、省政府创新思路，科学决策，努力拓宽融资渠道，放大财政资金效应，积极争取国家开发银行的贷款支持，各级地方政府努力整合各类扶贫资金，采取多种形式加大农村公路投入力度，确保了农村交通基础设施建设的顺利推进。

以全民参与为保证。农村交通基础设施建设点多、线长、面广、量大、任务重，需要社会各方面力量的共同参与。通过充分发挥各级政府的主体作用、社会需求的引导作用和农民群众的支持作用，全省上下形成了全社会支持参与农村交通基础设施建设的合力，为推动农村交通基础设施持续发展提供了重要保证。

以建养管运并举为根本。各级地方党委、政府和交通运输部门在抓好农村交通基础设施建设的同时，重视农村交通基础设施养护与管理，全力推动农村道路运输工作，使广大农民群众更多地享受到了农村交通发展带来的成果。

2.2 城乡客运一体化步入快速发展轨道

2.2.1 管理体制改革快速推进

在国家层面，原属城建部门的公交客运、出租客运行业监管职能划归交通运输部。

在省、自治区层面，2008 年以后，各省（自治区）均根据实际情况，重新组建了交通运输管理部门，将指导城乡客运的职责整体划入。

在直辖市层面，所有直辖市均形成了“交通运输委员会”模式的综合交通运输管理体制，改善了以往建设、交通、市政公用事业等多家管理城乡客运的局面，促进了综合交通管理水平的提升。如天津市整合了原市交通运输和港口管理局、原市政公路管理局以及城乡建设和交通委员会的相关职能，组建了天津市交通运输委员会，城乡客运一体化工作由市交通运输委牵头。

案例 3　天津市城乡客运一体化工作管理体制

2014 年 7 月 1 日，整合了原市交通运输和港口管理局、原市政公路管理局以及城乡建设和交通委员会的相关职能，组建了天津市交通运输委员会，初步形成综合交通管理架构和公路客货运输、铁路、水路、民航、邮政融合发展格局。

目前天津市城乡客运一体化工作由市交通运输委牵头，区县政府对本区域内优先发展公共交通承担主体责任。具体负责确定收购主体，组织市际和域内班线车辆收购，编制本区域内公共交通发展规划，加快公交场站等基础设施建设，建立财政补贴长效机制，保障公交安全运营等职责。市运管、市客管部门负责依法注销退出道路班线客运市场的车辆，组织公交企业按照无缝衔接的原则，开通公交线路，配备相应运力，方便市民出行。

在副省级和地级城市层面，目前已将道路客运和城市公共交通管理职能统一划归交通运输部门的城市共有326个，占总数的97.6%。具体管理模式包括设立专职管理机构、运管部门管理、纳入交通局或交通委职能部门管理等类型。

案例4　苏州城乡客运二元整合管理体制

苏州市于2001年开始进行了“城乡客运一体化”的行政体制改革，将原属城建部门的市政公路局职能划归交通管理部门，设立为市交通局下属的城市客运管理处，从事城市道路公共交通及出租车客运的管理职能；市运管局继续分管公路客运，两处共同组成苏州市城乡客运的管理机构。至此，苏州城市客运与农村客运的体制理顺，障碍排除，为城乡客运一体化的实现奠定了基础。

2.2.2　经营管理改革不断深化

一是进一步规范企业管理。大力倡导公司化经营、公交化运营、员工化管理，积极推进城乡客运经营主体整合，通过收购、兼并或入股等形式，实施规范的公司化改造。

案例5　北京房山区推动区内客运企业重组改制情况

强化政府作用，推动区内客运企业进行重组改制。北京市房山区区委区政府于2008年发布了《关于房山区客运企业重组改制工作方案的通知》（房政办发〔2008〕9号），成立以常务副区长为组长，主管副区长为副组长，23各相关委办局为成员的客运企业重组改制领导小组，通过咨询专家意见以及聘请专业咨询机构制定了改革方案，采用“分步实施、成熟一个实施一个”的方法进行客运企业重组改制，整合原企业为一家国有完全控股新公司，经济补偿客运企业、挂靠经营者，收购符合运营要求的车辆，合理安置原企业从业人员以及规范新公司经营管理模式（即按照公交运营服务模式）等。

理顺管理体制，明确行业管理部门与客运经营企业的各方责任。房山交通局属于“大交通”管理体制下的交通管理部门，对道路客运主要负责指导客运行业工作，同时依据房政办发〔2008〕9号等相关文件要求，在推进整个客运企业重组改革、票制票价改革中，执行监管、财政补贴审核与备案以及宣传等工作。而新的客运经营企业依据道路运输经营许可权和班线经营许可权进入客运市场，负责区内公共客运的经营工作。

调整经营模式，确定客运企业发展主要任务。鉴于当前房山区客运市场完全由一家国有完全控股有限责任公司（北京凯捷风公交客运有限责任公司）统一管理，确定其主要任务包括：(1)改变单车承包方式、以包代管的方式，实现公车公营；(2)合理用工，与从业人员依法签订劳动合同；(3)完全按照公交运营服务模式运营，即严格实行“五定”模式；(4)制定劳动用工服务评价和监管考核机制；(5)协助区交通局优化调整客运线路，有效整合运输资源，完善农村客运现网结构，方便百姓出行；(6)选择运营车辆以环保型客车为主。

二是积极优化城乡客运经营结构。部分地区打破地域垄断，积极鼓励规模大、有实力的客运企业进行强强联合；对区域内存在的线路重复、经营中容易发生矛盾的相关客运企业，进行改造、调整或兼并加以解决。

案例6　新疆维吾尔自治区城乡客运优化经营结构情况

加快转变发展方式，提高客运组织化水平。为改变道路客运经营主体散、弱、小的现状，新疆维吾尔自治区各级道路运输管理部门积极调整运输结构，加快转变发展方式，大力优化经营主体，鼓励企业兼并、重组，逐步减少挂靠车辆，推动行业规模化、集约化发展。同时对一条线路多个经营主体进行整合，做到一条线路由一家公司统一经营。目前，经济基础较好的昌吉、五家渠、巴州等地的经营主体兼并重组工作取得显著成效。昌古州的玛纳斯县将县域内从事城乡客运的多个企业合并为一个运输企业；阜康市运管局对27条线路87辆车采取互相置换的方式解决一条线路多个经营主体的问题;呼图壁县四家客运企业在31条线路中也通过互相置换的方式解决了一条线路多个经营主体的问题。五家渠市将原四家团场客运企业整合重组到市公交公司统一经营、统一管理。多种措施的实施提高了客运企业集中度,集约化、组织化水平不断提高,企业抗风险能力得到增强。

2.2.3 运营组织方式不断创新

各地积极探索和实践适用于当地情况的城乡客运一体化发展的运营方式,为逐步实现城乡客运服务均等化目标,采用了多种创新性的客运组织模式。主要做法有如下几种。

一是在部分城镇化速度较快地区,稳步拓展城市公共交通服务网络,逐步实现城市公共交通在城区和郊区范围内的全覆盖,为城乡居民提供均等化的公共交通服务。如广东省东莞市,县级市升为地级市后,未设县,全市现辖28个镇、4个街道办事处,386个村委会、205个居委会,所有行政村全部开通了镇村、跨镇及前往市区的公交车。

二是有条件的地区在城市至周边乡镇的线路,选用公交车型,实行公交化的运营模式。如江苏省溧阳市,遵循"基础设施向农村延伸、交通公共服务向农村覆盖"的决策部署,坚持把发展城乡客运纳入基本公共服务均等化的总体布局,努力让农民群众享受到与城里居民一样的公共交通服务,已形成城市公交、市镇公交、镇村公交三位一体的城乡交通格局。

三是通过新辟、改线、延伸等手段,因地制宜实行多样化运营模式,不断扩大城乡客运公交化运营车辆的覆盖和服务范围。如河南省新乡市,积极推进城乡客运公交化运营模式,实行阶梯式发车,实现乡村到县城、县城到市区、市区到外省市线路的有机结合,长短结合,提高车辆利用率,从而达到优质高效的目的。

四是对于部分客流较为集中,但距城区较远的线路,采取定班定线专线运营的模式。如河北省保定市,整合主城区至各县(市)班线资源,将条件成熟的客运班线进行专线运营,目前已开通保定主城区至周边14个县(市)22条高低速公交化线路,实现了"低票价、高频次、大容量"的公交化运营,正班正点率以及服务质量明显提升,旅客满意率达到97.3%,实载率上升了10到20个百分点。

五是对于客流较少的线路,公司组织采取冷热线搭配的方式循环发车和“大排班”，既避免了因收益不均衡导致的纠纷，又通过合理投入调配运力提高了经营效益。如湖南省郴州市采用“片区模式”，以乡镇为中心，按区域划定经营范围，车辆在区间内环绕运行，实行线路捆绑，冷热搭配，线路辐射的片区经营模式。三是“其他模式”。

六是对山区偏远支线，客流少且不稳定，不具备开行班车的条件，开展“区域经营”、隔日班、周末班、赶集班以及电话叫车服务。如甘肃省白银等地市对于因需求不足难以开通班车的偏远山村，采取灵活措施，提高通达深度：一是推行“便民小公交”模式，发展 8 座以下小型客车，采取定点、定时接送及电话叫车服务等灵活的办法；二是推行“一定三不定”模式。对一些偏僻支线采取只定区域不定线路、班次、站点，一票到达，去程和回程时间由旅客和车主协商决定的发车方式；三是推行“干支线路对接”模式。对客流稀少的农村客运偏僻支线，组织小型客车定点运行，把农村旅客送到干线乘车点，实现干线客运与支线小客车对接。

2.2.4 票制票价制定科学合理

目前，我国处于城市化进程的快速发展阶段，很多地方城市拓展较快，在城乡接合部，城市公交与班车客运因经营区域交叉而导致的矛盾比较集中。且由于各地经济发展水平不同，因此，在票制票价方面也有所差异。针对地方不同特点，各地科学合理的建立了城乡客运票制票价体系。

一是综合单一票制。指不论目的地多远都一样的支付票价，买一次票就可以乘坐交通工具的整个线路。

二是计程票制。是按照乘客乘坐具体长短计算票价的票制，可分为里程计价和分段计价，里程计价的费率以每公里为单位，分段计价则是把线网分成合理区段的基础上，费率一般采用递远递减的原则，甚至可能存在最高票价的限制。

三是计时票价。是按照乘客乘坐城乡客运系统的时间计费的票制，也可用来在不同时段（如高峰时段和非高峰时段）实行不同的收费价格，一般不单独使用。针对高分时段客流量较大、运输能力有限，可以发行高价位的高峰票，以减少乘车拥挤度，避免线路超负荷运行，提高城乡客运的服务水平，而在客运低谷时段，通过发行优惠折扣价票吸引乘客。

案例 7　全域公交化地区票制票价情况

全域公交化的地方，根据自身情况，采取多种形式，根据不同公共交通工具、不同出行距离等因素制定差异化票制票价。如东莞市内常规线路的公共汽电车采用单一票制，郊区公共汽车、专线线路客车等采用计程票制。深圳市为促进区域整体开发和组团式发展，建立了“快干支”三层次公交线路。其中快线提供点到点的快速出行服务，确保一人一座，票价为8至10元；干线相对于支线干线停靠站点较少，出行时间较短，票价为2至10元不等；支线即常规公交线路，采用单一票价2元。北京市城区地面公交，起步10公里内每人次2元，以后每增加5公里加价1元；一卡通普通卡刷卡实行5折优惠，学生卡刷卡实行2.5折优惠。

案例8　城乡接合部实现班线公交化地区票制票价情况

城乡接合部已实现班线公交化的地方，票价逐渐向公交的低票价靠拢，如浙江海宁市对城乡客运进行了统一资源配置，但是在票制票价上对城市公交和农村公交进行区分，城市公交实行无人售票方式的一票制，2元/人次，农村公交起步基价2元，乘坐8站及以内票价2元，超过8站按每4站及以内增加1元。

案例9　农村客运班线票制票价情况

农村客运班线还是多按照计程收费（按实际乘距收费）为主的票制票价结构收费，如重庆市农村班线，基准价1.0元/9公里，进价单位为0.10元/公里，高出9公路部分，按出行总乘距离乘以0.10元计价收费，并采取四舍五入法，以0.5元为进价单元，按照“为、7靠中间，2、8靠两边”的进价原则，最高价不高过5元的标准进行收费。

2.2.5　补贴扶持政策逐步形成

根据2009年中央一号文件精神，目前农村客运主要享受中央财政燃油补贴和车辆更新补贴。各级地方政府也加大农村客运经营的扶持力度，改善农村客运发展环境。对农村客运发展推行多项优先政策：

一是优先开展城乡客运公交化线路的报批审核工作，并简化相应手续，鼓励建设城乡客运公交化线路。如四川省成都市各区（市）县交通主管部门依法依规有序推进农村客运公交化改造工作，简化相应手续，加快办理速度，按照公交管理条例及相关规定要求，对已实施公交化改造的线路进行梳理，完善审批手续，对不符合公交运营条件的线路进行整改，整改不到位的线路，要强制退出，新改造的农村客运线路要严格依法依规办理，线路审批流程和手续不完善的参营车辆不纳入燃油补贴申报范畴。

二是出台专门针对农村客运的规费优惠政策，对已建成的线路在税收及相关费用的缴纳上给予一定的减免，保障经营者利益。如重庆市由政府出资、市交委履行，购买农村客运车辆的承运人责任保险、交强险和部分第三者责任险。

三是建立规范的城乡客运成本费用评价制度和政策性亏损评估制度。鼓励实行城乡客运低票价政策，落实经济补贴、补偿。对城乡客运企业承担的社会福利（包括老年人、残疾人、学生等实行免费或优惠乘车）增加的支出，由地方政府进行专项补偿。如重庆市展开了营运补贴试点，补贴资金由市区（县）两级政府共同承担，市级政府按一定比例给予补贴，各区县安排补贴专项资金，按比例给予营运补贴。新疆维吾尔自治区巴音郭楞蒙古自治州安排专项资金对农村客运车辆进行补助。

案例10　各地城乡客运一体化财政补贴机制

重庆市结合本地实际，建立了市区政府—企业—社会组织的多级补贴机制，即由企业承担一部分，政府和社会组织补贴一部分的共担机制。根据不同地区城乡客运发展环境及运营情况，确定三者的比例，由政府统筹安排，采取直接补贴和间接补贴相结合的方式，确保城乡客运财政补贴发挥到最有效的作用。建立法律保证体系。各级政府明确并重视城乡客运一体化发展的战略地位，并根据法律法规制定了一系列扶持政策和措施。以市政府、区县（自治县）政府为主导，以企业、社会组织为补充，建立城乡客运发展三级财政补贴机制，分解城乡客运财政压力，保障城乡客运可持续发展。并建立了重庆城乡客运发展专项基金、企业政策性亏损测算及补贴机制和企业绩效评价制度。

新疆维吾尔自治区巴音郭楞蒙古自治州自2010年开始，安排专项资金对农村客运车辆进行补助，若羌县政府每月给农村公交班车补助1600元，轮台县政府给全县73辆农村班线公交车每年各补助1200元等。

案例11　宁夏回族自治区对城乡客运政策扶持情况

宁夏回族自治区坚决落实了国家对农村公路客运的燃油补贴政策，并以各种方式对农村客运经营提供补贴和优惠，对农村客运经营“开得通、留得住、有效益”起到了积极的扶持作用。免收农村客车的农村客运站服务费,对国家投资建设农村客运站免收经营承包费;免征农村客车车船使用税,实行农村客车营业税即征即补或先征后补;全额免收二类农村班线客运车辆 GPS 终端安装费,减半收取一类农村班线客运车辆 GPS 终端安装费。两省(区)地方政府采取政府补贴、贴息、企业融资等方式,扶持车辆购置,加快农村客运车辆更新。

2.2.6 信息化建设不断强化

一是建设客运站信息管理系统、车辆卫星定位与调度系统、电子客票系统等方面都取得了较大成绩。如江苏省南京市建立了道路客运综合信息服务网,把在线订票、网上咨询、客运公告、出行指南、车站服务、车型介绍等服务融于一体,为城乡客运乘客的出行提供了各类信息类服务。

案例 12 京津冀道路客运联网售票一体化进展情况

京津冀道路客运联网售票一体化依托数据交换系统实现京津冀地区道路客运基础信息与动态信息的汇聚和管理,形成京津冀联网售票数据中心。通过网络等多种方式为京津冀地区出行公众提供至少覆盖二级以上客运站的方便及时的查询和购票服务,实现实名制售票,提升道路客运行业整体服务水平。并通过对客流方向、客运量、实载率等数据的分析,使各级行业管理部门有效掌握道路客运行业动态、发展趋势,为行业管理部门制定道路客运发展规划、开展重点时段运输组织、评价道路客运企业服务质量等提供数据支撑。

京津冀道路客运联网售票一体化建设工程由京津冀地区道路客运联网售票一体化平台、北京市联网售票分中心、天津市联网售票分中心、河北省联网售票分中心和各省(市)客运站组成。京津冀地区道路客运联网售票一体化平台实现北京、天津、河北道路客运数据的汇聚、清洗、融合及省际联网售票和清分结算功能。北京市联网售票分中心、天津市联网售票分中心、河北省联网售票分中心实现各自省(市)内客运数据的汇聚及省(市)内部的售票服务和清分结算管理,负责向京津冀联网售票中心提供数据,处理来自京津冀联网售票中心各项交易请求。北京、天津、河北各客运站负责向各省(市)联网售票分中心提供客运数据,处理交易。

同时还建立了京津冀联网售票数据中心、京津冀联网售票呼叫中心和运维服务中心、网上售票服务系统、行业监测及辅助决策系统、清分结算系统、和数据交换系统来保证联网售票一体化的实现。

京津冀地区道路客运联网售票一体化平台建设将于 2015 年 12 月完成，其他建设工程将于 2016 年底完成。

二是积极推进联网售票和一卡通互联互通，逐步实现了系统整合、信息共享、协同应用、动态监控的目标。如京津冀地区已开展省域或跨省域客运一卡通互联互通、联网售票和电子客票系统试点工程，实现道路客运信息共享和运行动态的及时监控，完善百城百站客运信息报送制度，加强数据统计分析，提升道路客运运力投放的科学性和信息发布的时效性。

案例 13　京津冀交通一卡通互联互通进展情况

为适应“互联网 + 道路客运”的发展新常态，京津冀地区相关省市交通运输主管部门在交通运输部支持指导下，于 2015 年 5 月，制定形成了《京津冀交通一卡通互联互通工作实施方案》。具体工作进展情况如下：

第一阶段：成立工作组、调研摸底。在交通运输部统筹指导下，由北京市交通委员会牵头，成立由京津冀政府主管部门、运营企业以及相关单位组成的监管协调组和技术联合组。开展对京津冀一线运营企业的调研摸底，确定实现互联互通的行业领域和城市（北京、天津、石家庄、廊坊、保定），在北京建设区域清分结算中心。开展京津冀互联互通工程可行性研究，明确工程改造升级规模、资金估算。此项工作已于 2015 年 6 月中旬完成。

第二阶段：项目立项、制定业务和技术规则。按照“统一立项、统一审查、分别实施、统一验收”的实施原则，共同制定互联互通具体业务流程、区域清分结算和监管规则。交通运输部积极寻求资金支持，京津冀三地共同研究资金配套支持政策。启动京津冀三地系统升级改造工程。此项工作已于 2015 年 6 月底前完成。

第三阶段：推进互联互通实施工作。启动招投标工作，推进项目实施，建设区域清分结算中心，以公交系统入手，开展公共交通领域硬件基础环境（终端机具、卡片等）、软件系统平台（字段、通信协议等）升级改造工作。此项工作已于 2015 年 10 月底前实现区域清分结算系统的试运行，力争 11 月底前北京市完成除地铁外的公交系统的升级改造，12 月底前完成天津、河北（石家庄、保定、廊坊）选定改造设备和系统具备一卡通互联互通能力。

第四阶段:开展系统试运行工作。在前三阶段工作基础上,开展互联互通系统试运行。针对出现的问题、故障及汇集的各方意见,进行完善和优化。力争于2015年12月底前完成,实现三地交通一卡通初步互联互通。

第五阶段:扩大交通一卡通互联互通范围。在试运行阶段基础上,扩大京津冀一卡通互联互通城市数量,扩大在不同交通运输方式上应用的范围,实现主要交通方式的互通,包括公交、地铁、出租汽车、长途客运,争取与城际铁路的互通。此项工作计划于2016年12月底完成。

第六阶段:实现京津冀区域全面互联互通。根据示范工程应用情况和实际需求,推广实现京津冀区域的整体互联互通,力争于2017年实现全部城市和多种交通方式的互联互通。

第七阶段:总结推广经验。京津冀交通一卡通互联互通工作经验,在全国范围内推广。此阶段工作力争于2017年年底前完成。

2.2.7 安全管理工作持续完善

一是进一步提升农村客运安全保障能力。目前,我国大部分地区农村客运安全监管实行“县管、乡包、村落实”的政策,坚持安全第一、预防为主,进一步完善了农村客运车型标准、通行条件、安全监管等方面的制度,加强了农村客运车辆、站场、企业资格、线路审批等源头管理。

案例14 新乡城乡客运安全管理工作情况

加强线路审批管理。坚持将线路经营权许可给有规模、有经验的公司。需开通客运班车的,由县级道路运输管理机构会同当地公安交管和安全监督部门对客运线路进行实地调查,联合提出通车车型、载客限载、运行限速、通行时间等安全控制指标后,方可审批。

严格落实各项安全管理规定。强化经营者安全生产主体责任,督促城乡客运经营者建立健全各项制度,加强从业人员培训教育,强化驾乘人员安全意识,督促车辆进站运营,开展GPS动态监控工作,完善管理措施,严把城乡客运经营服务准入关、驾驶员从业资格关和车辆技术状况关。

落实企业安全生产主体责任。严厉打击超速、超载和疲劳驾驶等违章行为,落实违法违规处罚措施。督促企业严格落实投保交通事故强制责任险和客运承运人险等要求。客运企业能够对挂靠车辆实施公司化管理,确保了安全管理的有效和有力。提高城乡客运企业的抗风险能力和安全事故应急处置能力。

加大安全宣传引导工作力度。采取多种方式加大宣传引导工作力度,引导广大职工群众自觉抵制乘坐无证营运"黑车",主动乘坐合法城乡客运车辆,确保人民群众生命财产安全。

二是完善客运公交化运行的安全管理措施。加快完善客运班线公交化运行的线路长度、车辆标准、安全监管、站点设置、服务质量考评、运营市场管理等方面的制度、标准和规范,为客运班线公交化运行提供基础支撑。

案例15　京津冀省际毗邻地区主要通道客运班线公交化改造方案

确定京津冀省际毗邻地区客运班线公交化改造条件。原则上应满足以下基本条件:(1)经营主体具备省际客运班线经营资格;(2)沿线往返客流量较大,对日均客运量达到300人次以上的客运班线优先进行改造;(3)线路运营里程原则上在100公里以内;途径高速公路的,运营里程原则上应在200公里以内;(4)途经道路状况良好,联合公安交管等部门勘察合格,满足公交化运营车辆的会车和上下客要求。

确立京津冀省际毗邻地区主要通道客运班线公交化改造标准。原则上应达到以下基本标准:(1)经营方式公车公营;(2)同一客运班线应统一车型、统一票价、统一站点设置、统一补助标准;(3)客运班车应进站经营,线路起讫点建有等级客运站;没有等级客运站的,客运班线起讫点应设置发车位和停车场;(4)首末班应与当地城市公交基本适应,班次平均间隔时间高峰期不超过30分钟,其他时间应基本满足公众日常出行需要;(5)运营车辆安装卫星定位终端设备。

调整京津冀省际毗邻地区省际客运经营结构。引导京津冀省际毗邻地区主要通道客运线路经营主体整合,成立京津冀省际毗邻地区主要通道客运线路公司,加强规范化管理、规模化运营、标准化服务,不断扩大京津冀省际毗邻地区客运班线服务范围,提高发展质量。

提高京津冀省际毗邻地区主要通道客运班线管理和服务水平。严格落实各项安全管理规定,强化客运企业安全稳定主体责任,督促客运企业建立健全各项制度,加强从业人员的培训教育,切实提高安全管理和服务水平。优化京津冀省际毗邻地区主要通道公交化改造客运班线停靠站点设置,依托城乡客运站、简易站、候车亭、招呼站及城市公交站点合理设置停靠站点,拓展服务范围,方便群众出行,为京津冀省际毗邻地区广大人民群众创造良好的道路客运服务环境。

2.2.8 发展评价工作全面展开

2014 年年底,交通运输部发布了《交通运输部关于开展城乡道路客运一体化发展水平评价有关工作的通知》(交运发〔2014〕259 号),启动了城乡道路客运一体化发展水平评价工作。

截至 2015 年 9 月底,共有 31 个省级交通运输主管部门报送了城乡道路客运一体化发展水平评价报告。31 个省(区、市)的总体平均分为 747.7 分,按照评价总分排序依次为北京、上海、天津、江苏、山东、宁夏、河南、浙江、湖北、新疆兵团、安徽、吉林、福建、广东、重庆、辽宁、贵州、山西、陕西、河北、江西、黑龙江、甘肃、湖南、云南、广西、新疆、内蒙古、四川、青海和西藏。同时,共完成 2394 个市县的城乡道路客运一体化发展水平评价,其中,AAAAA 级别市县 342 个,占比 14.3%;AAAA 级别市县 495 个,占比 20.7%;AAA 级别市县 1058 个,占比 44.2%;AA 级别市县 320 个,占比 13.4%;A 级别市县 179 个,占比 7.5%。AAAAA 级别市县比例超过 20% 的省份有北京、上海、天津、山东、宁夏、江苏、河南、浙江、湖北、广东。

3 推进城乡道路客运一体化发展的形势和问题

从经济社会发展对城乡交通发展的要求看,当前我国正处于加快经济发展方式转变、全面建成小康社会的关键历史阶段,城镇化、机动化快速推进,城乡一体化迅速发展,人民群众对城乡交通运输服务能力和服务水平有着更高期待,城乡道路客运一体化发展的任务依然繁重。

3.1 形势要求

一是全面建成小康社会要求城乡交通加快转变发展方式。党的十八大确立了中国特色社会主义事业“五位一体”的总布局,提出了到 2020 年全面建成小康社会的宏伟目标,要着力保障和改善民生,必须逐步完善符合国情、比较完整、覆盖城乡、可持续的基本公共服务体系,提高政府保障能力,推进基本公共服务均等化,并强调政府是基本公共服务的责任主体。而城乡道路客运一体化,即为提供公共服务均等化中提供运输服务均等化的重要抓手,为有力支撑实现全面建成小康社会的宏伟目标,不断满足人民群众对安全便捷出行的更高要求,客观上要求城乡交通发展向一体化方向实现快速超越发展。

二是推进新型城镇化建设要求破解城乡交通发展难题。《国家新型城镇化规划(2014－2020年)》提出:到2020年,实现"常住人口城镇化率达到60%左右"。因此,我国正处于城镇化的高速发展阶段,也是城市反哺农村、农村产业化和城市郊区化并存的发展阶段,国家积极推进城乡统筹协调发展,促进城乡经济社会的全面进步,发展城乡道路客运一体化在形成城乡经济社会发展一体化新格局中承担的重要使命。但随着新型城镇化的快速发展,城乡交通规划一体化、政策一体化、管理一体化等方面存在的问题愈发凸显。伴随经济转轨和社会转型,交通运输行业发展方式粗放、结构不合理、效率不高的问题集中暴露,必须加快结构调整,集中破解城乡道路客运一体化、城乡基本公共服务均等化等难题,努力构建便捷、公平、高效、安全的城乡交通体系。因此,城乡道路客运一体化将着眼于城乡交通发展战略调整、优化交通资源配置、强化枢纽衔接协调、提升城乡道路客运一体化服务水平,要求各种运输方式统筹规划、统筹建设、协调发展,顺应了城乡人民群众对进一步提高道路客运服务水平的期待。

三是建设人民满意的服务型政府要求加快转变政府职能。加快转变政府职能,深化行政体制改革,是党中央、国务院做出的重大决策。要实现政府职能向创造良好发展环境、提供优质公共服务、维护社会公平正义的根本转变,实现行政运行机制和政府管理方式向规范有序、公开透明、便民高效的根本改变。当前,城乡道路客运一体化行业管理和服务日益成为社会关注焦点,必须进一步转变管理理念、创新管理方式、转变政府职能,实现道路客运管理科学化,推进道路客运基本公共服务均等化。

3.2 主要问题

3.2.1 体制机制仍不顺畅

虽然我国绝大部分地区城市客运职能已纳入交通管理部门框架之中,但在交通部门内部体制中,城市公交与道路客运仍属于不同的职责部门,规划缺乏系统性,体制完全理顺尚需要时日。

交通运输主管部门的职责范围仅限于公共客运的运营管理,政府其他部门在城市交通基础设施规划建设、服务定价和财政补贴等环节中发挥着决定作用,导致城乡客运在设施建设标准、线路资源综合利用和优化配置等方面存在较大困难。目前,很多地区仍存在不同程度的规划不衔接、布局不合理、建设不统一、监管不及时、信息薄弱、交流不畅等问题,协调机制也没有及时跟进，导致统筹协调发展困难依然很大。

3.2.2 法律法规有待完善

当前，我国城乡客运一体化在法律、法规和条例建设方面存在一些问题：

一是城乡客运法规衔接度不高。根据法律法规，城市公共交通主要服务于中心城区，法律依据有《城市公共汽车客运管理办法》《城市道路管理条例》；公路客运主要服务于中心城区以外的道路，法律依据有《中华人民共和国公路法》《中华人民共和国道路运输条例》。两类客运法律规定的部分准则有很大的不同。由于农村客运和城市客运管理属于不同的标准体系，在统筹城乡客运协调发展的实践中，城市客运向农村地区延伸以及班车客运"公交化"改造，难以避免会面临管理规范不衔接，甚至摩擦冲突所引致的制度障碍。农村客运车辆公交化改造缺乏相应的法规依据，管理制度不完善，在车型标准上未能与公安、安监等部门达成一致，农村客运公交化运行的企业和车辆许可、管理还不规范，城乡客运一体化发展面临制度制约。

二是跨境运输线路开辟遭遇法规、体制瓶颈。随着各地积极推进地区间的协同发展，人们对跨境客运线路，甚至跨境公交线路开辟的需求不断增长。但按道条规定"从事跨省、自治区、直辖市行政区域客运经营的，向所在地的省、自治区、直辖市道路运输管理机构提出申请……（所在地的省、自治区、直辖市道路运输管理机构）应当与运输线路目的地的省、自治区、直辖市道路运输管理机构协商；协商不成的，应当报国务院交通主管部门决定。"由此导致开辟跨境运输线路的申请、协商过程过于烦琐，线路开辟难以满足人民大众的出行需求。加之各地主管部门出于维护本地区客运行业利益、规避安全责任风险等方面的考虑，往往会对跨境线路的开辟消极应对，导致部分跨境运输线路虽然在运营，但却没有得到有关部门的合法认可，不仅严重阻碍了跨境道路旅客运输的健康发展，而且还对乘客的生命和财产遗留了巨大的安全隐患。

3.2.3 基础设施建设失衡

一是农村客运站使用效率普遍低下。以宁夏回族自治区固原市为例，其5个县的51个乡镇客运站投入使用的不到10%，例如宁夏固原市隆德县张家庄客运站从建设完成就没有使用过，站房的防盗铁门都已经锈死。又如，甘肃省六盘山地区已建成1532个农村客运等级站或简易站使用率也非常低，造成大量基础设施闲置和浪费。导致这种情况的根本原因是建设与使用脱节，农村客运场站建设缺乏统筹规划，仓促上马，缺乏必要的论证，将争取国家补助资金、完成投资计划作为客运站建设的主要目的，导致大量遗留问题。第二个原因是布局选址不合理。一些乡镇地处偏远，客运线路很少，却修建较高等级的场站，有些乡镇场站选址不便于当地居民使用，导致车辆沿线捡客，不进站。第三个原因是场站经营管理的主体不明确。目前乡镇客运站建设资金主要依靠国家和省里补助的40－50万元，建设用地主要靠乡镇政府或村集体提供，客运站产权不清晰，引发客运站经营和管理责任主体不明确等问题。由于农村客运盈利水平较低，运输企业不愿支付客运站使用费用，影响企业经营场站的积极性。

二是农村公路条件限制农村客运发展。为解决前期农村公路建设经费严重不足条件下通乡村公路的需求，部分地方出台了地方标准，在平曲线最小半径、最大纵坡、弯道加宽等方面较部颁标准放宽了要求，但由于建设指标偏低，安全设施设置不足，这些农村公路存在巨大的安全隐患，不能满足农村客运通行要求。同时，大量已建农村公路受经费影响，养护严重不足，部分农村公路甚至难以完成日常养护，路面条件退化明显；已建农村公路安保工程也严重不足，交通安全设施不到位的情况非常普遍。

三是城乡客运基础设施投入力度仍然不足。我国城乡交通长期以来存在着投资政策导向不力、投资渠道不明确、投资规模不足、历史欠债较多的问题。交通设施的建设存在着重视新建项目、忽视已有设施的维护改造问题。特别是城市郊区道路破损和农村公路损毁的修复等养护资金缺口很大、难以落实。在城乡道路客运一体化进程中，公交一体化改造和农村客运基础设施建设，企业改制重组和取消挂靠等均衡各方利益，都缺乏城市各级财政和交通资金的投入。

3.2.4 优惠政策尚未统一

一是交通规费和财政补贴政策不同，导致公交与客运之间票价差距较大。在规费政策的城乡差别方面，以武汉市为例，按照《中华人民共和国道路运输条例》的规定，武汉市从事公路客运的车辆需缴纳客运附加费、运管费、通行费等交通规费。如20座中型客车，每年需缴纳上述费用约3.5万元/车台；而城市公交因具有公益事业性质，按国家有关规定，享受免缴城市规费等优惠政策。除此之外，道路客运还需缴纳交通安全设施维护费、车辆安全检验费、城市维护建设税（城建税）、防洪保安费等各类税费，致使道路客运在运输成本上远远高于城市公交。在补贴政策的城乡待遇方面，基于城市公交的公益性，城市财政每年给予市公交集团一定数额的财政补贴。

例如武汉市历史上补贴高达一亿多元，目前每年仍享受市财政三千万元补贴；在运营成本上升较快时，市政府还给予一定的扶持政策（如给予燃油补助；又如宁波城市公交规费实行“先缴后返”政策，免收过桥过路费。）而道路客运自负盈亏，不享受城市财政补贴。

二是公交补贴政策不能到位，农村客运缺少财政优惠。不少城市政府为落实公交优先发展战略，对公共交通投入大量资金并落实了补贴政策，但有的城市公交补助虽列入计划，有时资金也不足额发放；还有的地方县镇财政金融紧张，对实行一体化公交的企业难以持久支持；多数城市财政没有农村客运补助及来源渠道。除了经济发达的东部部分超大城市对公共交通有较高补贴外，大部分城市公交的财政补贴情况不容乐观。农村客运一直是市场经济为主，地方政府和交通部门除了修建道路、桥梁和部分客运站外，几乎没有客运投入和补贴政策。但是，由于近几年油价上涨、税费增加，规费征收不合理再加成本不断上涨，造成农村客运成本加大，企业和业户经营困难，车辆陈旧耗油难以更新，农村的旅客运输亏多盈少、难以为。

案例16　江西省吉安市城乡道路客运政策支持现状

政府重视程度不同。近年来，由于交通拥堵、环境污染等问题凸显，城市人民政府对公交的发展日益重视，出台了优先发展公交的实施意见，从资金、土地、基础设施建设等方面给予政策支持，制订了一系列可操作性强的措施，且制订了中长期的公交发展专项规划。相比之下，对农村客运的支持力度明显不如城市公交，大多数采取一片（一线）一经营者（公司）模式，冷热线捆绑经营，盈亏经营者自负。虽然农村客运网络也日趋完善，出行较为便利，但票价较城市公交高，缺乏专业的中长期发展规划。

享受的优惠政策不同。城市公交和农村客运均享受中央的燃油补贴，农村客运的补贴标准为公交补贴的80%，市级城市人民政府对公交因执行低票价、社会福利政策、政府指令等产生的亏损，都会给予补贴，部分经济实力较为雄厚的县也会给予补贴，但对农村客运均没有补贴。

3.2.5　市场环境亟须完善

一是地区分割管理，城乡客运公交化改造存在困难。地方政府过去审批把关准入门槛低，致使道路运输主体过多、成分复杂，个体私营和挂靠经营普遍存在。不少城市将出租车和公交线路经营权通过市场拍卖准入，已批准的线路被集体、个体长时间承包，在需要调整线网时不肯轻易退出市场,造成线网改造困难和管理缺位。因此,一些城乡之间的公交化线网改造,往往要让政府花更高代价回收线路、收购车辆、安置人员,给财力困难的地方政府调整和优化城乡一体化公交线网时带来很多困难。

二是公交企业为延伸服务与农村客运争抢经营空间引发利益冲突。公交延伸与农村客运体系互不兼容,在拓展市场和经营空间方面时有摩擦。例如长株潭等地区,长途客运、短途客运与城市公交客运之间,在发展过程中存在着政策、资金、税率、运价等方面的不同待遇,尤其是城市公交与公路客运在运价政策、运营线路、城区停靠站点等方面存在双重标准,导致相互间竞争平台不同,经营主体松散,经常发生经营线路和利益矛盾冲突,不仅严重影响了当地的客运市场秩序,而且地方政府身陷“劝架”矛盾,影响了正常工作的开展。

三是各地对公交和农村班线待遇不同,为运输市场不规范竞争推波助澜。部分城市或县镇政府地方保护思想严重,有关管理部门在企业资质审查、线路审批、运力控制、规费征收、异地进站等方面的行政许可和政策实施没有完全做到公开、公平、公正。一些缺乏运营资质的私营个体或关系户也进入公交和班线运营,导致资质好的道路客运企业班次减少、运力压缩,经营效益变差。加上各地对公交和农村班线规费和公路通行费征收不一致,进一步加剧了运输市场的不规范程度。

3.2.6 安全发展亟待重视

郊区和农村道路运输安全问题突出。一是目前部分地区道路客运市场运力过剩,不仅造成道路拥挤,而且争抢客源、乱停乱靠、秩序混乱、事故频发等现象时有发生。二是小面的、三轮车和两轮摩的以及无牌无证无照车辆、报废在用车辆违法参与客运经营,不仅严重扰乱了客运市场,而且经常违规行使,带来了极大的安全隐患。三是公交客运没有超载限制,在县域公路超载行驶容易出现安全事故;道路客运班车为扭转劣势也恶性超载,多拉快跑,必然增加安全隐患。四是对在县域道路上的公交车辆与道路客运班车采取不同的双重管理标准,公安、交通部门难以管理。五是候车亭、停靠站和招呼站等基础设施不足,客运班车车辆乱停乱靠,影响交通安全。

农村客运安全管理仍需加强。目前,大多数县级交通运输部门和道路运输管理机构人员有限,乡镇行业管理力量严重不足,难以对点多面广、经营分散的农村客运实施全面、有效的监管。一些农村客运企业经营管理不规范,缺少专业管理人员,对承包车辆以收费代管理,安全生产主体责任落实不到位,农村客运安全管理工作仍需进一步加强。

3.2.7 客运服务有待提高

通达深度广度不足。一是部分地区道路网络通达深度不够,郊区县和农村等级客运站、停靠站偏少。城市边缘新建区居民和农村的农民乘车难,有的群众必须先走几里地赶到县镇才能乘到公交车,增加出行难度和时间延误,出行多有不便。二是继续提升农村客运通达深度和服务水平难度大。农村客运面临着油价上涨、运行成本高的压力,受道路、客流等客观因素的影响,存在着安全风险大、利润空间小的发展困难。特别是现在未通客运车辆的边远贫困山区行政村,路远、人少、需求分散,在缺乏公共财政扶持的情况下线路开通困难大,运营困难更大。

城乡居民转车换乘不够便利。一是城乡运输网络缺乏有效整合,城乡居民转车换乘的运输枢纽建设不足,运力分配和发展不均衡,导致农村和郊区居民进城难、进城不便(换乘难,候车难)等现象存在;二是由于有的城市铁路、公路长途客运站与公交场站的上级主管部门存在不同,导致一些客运站在规划、设计和运营过程中与公交车站未能有效衔接、协调运行,群众换乘时必须携带行李步行或绕行很长的距离和时间。加之,由于各条路线客运车辆运行时间配时不合理或缺少接驳运输,给城乡居民转车换乘带来等车时间过长、不得不找黑车等不便,民众出行或换乘常会遇到“畅行中间、堵在两头”的无奈经历;三是客运枢纽或站场停车场面积小、停车换乘不便,郊区居民为方便办事多开车进城,车辆过多造成拥堵。

各种运输方式之间的相互整合与资源共享平台的建设还很不足。一是售票联网覆盖不足,未形成不同线路、不同运输方式“一票到底”的票制,致使长途出行需要通过多次中转购票验票、费时等候才能到达目的地,而其中还会遇到很多不确定因素。二是农村地区信息化平台建设程度不足,城乡客运、物流和邮政之间信息共享尚不顺畅,导致客货并举、运邮结合的资源信息共享平台整合存在困难。

4 推进城乡道路客运一体化发展的思路和建议

4.1 基本思路

结合调研情况和城乡道路客运一体化发展面临的新形势、新任务,下一步,推进城乡道路客运一体化发展的基本思路是:深入贯彻落实党中央精神，以加快“四个交通”建设为引领，以推进城乡交通基本公共服务均等化和保障城乡居民基本交通需求为目标，以转变城乡交通发展方式为主线，坚持“城乡一体，协同发展”的发展理念，将统筹城乡交通协调发展作为为民办实事的重大工程，充分发挥政策引导和市场互动的组合作用，努力为城乡居民提供安全、便捷、经济、高效的交通服务。

——坚持以人为本，城乡协调。以满足城乡居民交通需求为根本出发点，逐步消除城乡二元结构，加强城乡联动，有序衔接，促进城乡交通基本公共服务均等化。

——坚持市场主导，政策引导。发挥市场配置资源的决定性作用，尊重企业的市场主体地位和自主决策。发挥政府引导作用，健全法规政策，完善标准规范，理顺体制机制，加强组织实施。发挥社会组织协调监督作用。

——坚持因地制宜，稳步推进。根据不同的发展条件和需求特征，探索城乡道路客运一体化发展的战略重点、推进模式和实施步骤，不搞“齐步走”和“一刀切”。稳步有序推进各项工作任务，持续用力，久久为功。

——坚持改革创新，率先有为。紧紧围绕人民群众出行服务的新需求、新期待，深化企业组织模式、车辆技术标准等方面的改革创新，鼓励城乡道路客运一体化发展水平较高地区先行先试。

——坚持行业稳定，持续发展。全面兼顾出行者和各类客运企业的利益，规范行业市场环境，科学制定票价、补贴政策，加强服务质量考评和安全监督。让城乡客运线路既能开得了也能开得久。

4.2 相关建议

4.2.1 深化管理体制机制改革

理顺管理体制，成立城乡交通管理处。建议交通运输主管部门将涉及区域内的城乡交通管理权限全部划入城乡交通管理处。城乡交通管理处负责城乡交通的行政管理工作、一体化发展规划的编制工作，进一步理顺交通系统内部管理体系，实现城乡交通的统一管理。

创新管理体制，成立城乡道路客运一体化领导小组。建议市县级层面成立以市（县）政府分管交通运输的领导为组长，以交通、发改、财政、规划、住建、国土、公安、安监等多部门为成员的城乡道路客运一体化专项领导小组，负责全域城乡道路客运一体化工作的指导、协调、监督、政策制定以及发展规划的审批，明确各部门的具体职责，确保城乡交通快速、健康的发展。

同时,提升交通管理部门在规划、土地使用等方面的话语权,在制定城乡总体规划、土地利用规划等时要求交通管理部门提前介入,并将交通规划纳入顶层规划范畴,便于包括城乡交通在内的综合交通发展具有一定的前瞻性和战略性。

4.2.2 加快法规标准体系建设

一是完善法规体系建设。加快建立以《道路运输条例》《城市公共交通条例》为核心,以部颁规章为基础,以地方性法规为补充的城乡客运法规体系,为城乡客运科学发展提供法规保障。建议各地方根据自身情况,加快制定或完善城乡客运一体化标准规范体系,修改现行法规相互矛盾的条款,制定新的地方法规,尽快制定出台《城乡客运一体化发展管理办法》。出台一系列有利于城乡道路客运一体化发展的法律法规,并依据法规研究制定一系列配套措施。此外,城市公交和城际、城乡公路班线的线路审批,要依据《行政许可法》重新制定运输线路审批的行政许可范围、原则等细则。

二是明确城市公交线路延伸及公路客运公交化改造标准。城市公交线路延伸的管理按照城市公共交通管理的相关法律法规和标准规范实施;公交化运行的农村客运管理按照道路客运相关法律法规和标准规范实施;对政府支持力度较大的线路管理,可参照城市公共交通管理的相关法律法规和标准规范实施。修订从事班线客运的车辆改为公交化运营后的载客标准,使其合法享受公交载客标准或与公交接近的载客标准。在车辆购置、更新、报废以及座位、吨位核定及检测等方面,实行统一的检定标准与核准制度。修订不适应城乡公交化运输的相关标准。如统一城乡道路公交化运输的限速标准,研究保障公路与城市道路的顺畅衔接的技术标准。修订有关道路和场站技术标准。提供多种新建、改建、扩建、对接的技术选择模式,优先考虑城乡接合部对接、多种运输方式换乘衔接以及与大型工农业产业聚集区、高新技术开发区、新建社区的道路连接,并明确责任主体。

三是加强农村客运车辆标准研究。系统修订和完善农村客运车辆标准,在农村客运车辆的外廓尺寸、动力性、制动性能等方面提出针对性的要求。重点修订《营运客车类型划分及等级评定》(JT/T325－2013)和《乡村公路营运客车结构和性能通用要求》(JT/T616－2004),增加关于公交化改造班线客运车辆、特色运营方式客运车辆以及山区农村客运车辆等的具体条款,以满足这些运营方式对车辆的具体要求。同时,建议针对地形、道路、居民出行习惯和农村客运组织管理模式的特点,开展农村客运车辆专门设计、开发与试运行，适当缩短外廓尺寸、增加行李仓空间和应用成熟安全技术，以适应特殊路段的客运需求。

四是加强农村客运站建设运营标准研究。对农村客运站选址、规模和运营管理模式开展专项研究，制定农村客运站建设与管理指导意见，推广农村客运站运营管理先进经验，指导各地在制定农村客运发展规划的基础上，从客运需求出发，充分论证客运站建设的必要性、合理规模和运营管理模式；对于已经建成的客运站，要明确管理主体，积极推广四位一体（农村客运、农村物流、安全监管、运输管理）的经验，拓展客运站的服务功能，因地制宜，引入车辆维修、餐饮、商贸、旅游等经营项目，实行综合开发利用，提高客运站使用效率。

4.2.3　加强基础设施配套衔接

重点建设公路客运与城市交通的枢纽衔接，要建立健全城乡一体化的综合客运枢纽和主要客运站配置。重视不同交通方式之间的协调、配合、衔接，重点建设公路与城市公交、轨道交通相互衔接的综合运输枢纽，不断改善城乡之间、各种交通方式之间的零距离换乘、接驳转运条件，为百姓出行创造便利条件。将农村道路、客运站场、港湾式停靠站等基础设施建设用地统一纳入城市建设用地规划，享受公路建设用地政策。综合农村公路条件、客流特征及农民乘车需求，合理设置站点，调整完善农村客运线路网络，投放适合车型和运力，构筑城乡一体化的公交客运网络服务体系，实现城乡交通枢纽与不同交通网络在空间的一体化衔接与发展。

4.2.4　加强发展模式分类指导

总结我国各地统筹城乡客运协调发展，积极推进城乡客运一体化的成功经验，主要有三种发展模式。

一是全域公交一体发展模式。适用于市域地理环境不复杂或行政区域范围较小，城市城镇化水平较高，城乡经济发展较均衡，城乡联系紧密，人员往来频繁，城乡居民出行需求比较趋同，社会经济总体发展水平较高的城市或局部区域。遵循“打破城乡区域界限，实现市域内城乡公交全覆盖”的经验，采取特许经营模式，按照规定的线路、车辆、时间、站点、票价“五定”，按照经营主体公司化、经营方式公交化、经营行为规范化、城乡服务均等化“四化”，按照统一管理主体、统一规费政策、统一营运车型、统一营运标识、统一调度排班、统一服务标准“六统一”进行客运线路组织运营。

二是城乡客运协同发展模式。适用于城市化快速推进、农村经济较快发展，但城市和农村仍相对独立，城市开始向城郊快速拓展，在城乡接合区农村客运线路和公交线路有所重合的“城乡融合型”地区。遵循“城市公交与农村客运有效对接，实现分区、分级经营”经验，先划分区域，对城市拓展区、城乡接合区及镇乡接合区，采取特许经营模式，按照“四化”“五定”“六统一”要求，推进城市公交全覆盖，发展城市公交延伸和农村客运公交化模式；农村地区，采用区域经营，特色班车经营等经营模式，按照规定的区域、时间、站点、票价“四定”，按照经营主体公司化、经营方式公交化、经营行为规范化、客运服务标准化“四化”，以及按照统一管理主体、统一规费政策、统一营运车辆、统一营运标识、统一调度排班、统一服务标准“六统一”进行客运线路组织运营；最主要的是，要特别注重城市公交与农村客运之间的融合，做好两个体系之间的衔接。

三是客运服务全覆盖发展模式。适用于市域地理环境比较复杂或行政区域范围较大、城乡发展非常不均衡，整体社会经济发展水平偏低的地区，且农村居民出行需求较弱，客源少且不稳定。遵循“农村客运全覆盖发展方式”的经验，鉴于各地区农村地区经济发展水平及客运需求的不同，对城市拓展区、城乡接合区、乡镇结合区以及人口相对密集、道路条件较好的农村地区选择区域经营、特色班车经营等经营模式，发展较快区域推进农村客运“公交化”；对其他农村地区，采用区域经营、特色班车经营、捆绑经营等多种经营模式，按照规定的线路、车辆、站点、票价“四定”，按照经营主体公司化、经营方式公交化、经营行为规范化“三化”，按照统一管理主体、统一规费政策、统一营运车辆、统一营运标识、统一调度排班、统一服务标准“六统一”进行客运线路组织运营。以“城乡等值”为核心理念，充分考虑本级行政区域内城乡居民间以及不同经济发展水平的农村居民间出行需求特征的差异性，因地制宜，选择多种道路客运服务方式以满足城市、镇村交通基本公共服务需求以及城乡居民日常出行交流的需要。

虽然不同基础条件下适宜的发展模式各不相同，但不同模式之间具有相对性、可变性和兼容性，而非一成不变的固化模式。当某一地区的基础条件、发展状态变化，满足另一类型发展模式的要求后，可实现模式间的自动转化。而某一地区虽以发展模式的某一类型为主导，但因发展不平衡，还存在个别乡（镇）、村仍在发展模式的另一类型运行，故模式类型间是可以兼容的。

4.2.5 有效规范城乡交通市场

积极稳妥地推进城乡客运主体的市场化改革。一是积极扩大道路客运企业经营自主权。简政放权，积极扩大道路客运企业在客运班线站点选择和变更、班次调整、运力调整、车辆更新等方面的经营自主权，激发道路客运市场活力。二是全面下放道路客运班线管理权限。省际、市际、县际道路客运经营许可（含企业经营许可和班线经营许可）分别下放至企业所在地地市级、地市级和县级道路运输管理机构审批。三是全力优化道路客运资源配置。除农村客运外，新增班线客运和包车客运运力一律采取服务质量招投标的方式。加快推进道路客运经营主体结构调整，鼓励集约化、规模化、公司化水平高的道路客运企业扩大经营规模。对于新许可的道路客运班线，逐步打破线路对开制，通过客运线路服务质量招投标实现一线一企、线路专营；对于已有的道路客运班线，要鼓励道路客运企业通过组建线路公司、资产置换、兼并重组等方式，逐步开展线路专营改造工作。支持道路客运企业异地申请设立子公司、分公司，推进道路客运网络化运营。引导道路客运企业依法完善公司治理结构，建立现代企业经营管理制度和运营管理机制，提升企业管理效能和抵御风险能力。以资产为纽带，加快推进道路客运企业公司化改造，鼓励道路客运企业通过车辆入股、转让、置换等多种方式，整合市场资源，减少直至杜绝承包经营等粗放型经营模式。优化农村客运资源配置模式，调整行政审批规则，支持道路客运企业“车头向下”，在县域或乡镇以下范围开展区域经营、循环运行。

完善市场准入和退出机制，促进优胜劣汰。建立和完善资质管理制度、服务质量招标制度和年审等制度，定期考核审验；清理和规范客运市场挂靠经营，对实际不够具备市场准入条件、服务低劣、违法违规的交通从业者，限期进行整改，仍不能达到要求的，坚决清出运输市场；对服务质量好、安全有保证、诚信守法、管理规范的运输经营企业应让其占有更多市场份额，并给予不同形式的奖励和政策优惠。

积极推进城乡交通综合执法改革。坚持立法与执法并重，监督管理与维护公众利益并举，加强法规的组织实施和统一执法工作。强化市场监管，依法整顿城乡市场秩序，严厉打击损害路产路权、非法经营、偷逃规费、“三乱”等城乡交通违法行为，依法保护投资者、建设者和经营者的合法权益，形成统一开放、公平竞争、规范有序的城乡交通运输市场。

4.2.6 加快落实政策保障机制

补充制定新的优惠政策。给予农村客运更多优惠，使城市公交和农村客运享受平等或相近的税费减免政策；研究制定《关于加快集中连片特困地区农村客运发展的意见》，完善农村客运发展燃油补贴机制。

对调整优化后新的城乡道路、枢纽场站建设给予土地保障政策优惠，对既有枢纽场站的资源共享与综合利用给予鼓励政策。创新制定城乡运输枢纽有关运营和管理政策。出台多元化投资，股份制、统一化运营管理的引导政策，明确投资者、企业和政府的责任，促进城乡运输枢纽方便旅客换乘、规范化服务的政策。

建立适合我国国情的城乡交通财政补贴机制。一是建立完善的企业补贴测算机制。由运输公司制定年度或几年收支平衡计划及成本价格表，然后提交政府主管部门审批，公众可参与价格评议，政府作为监控人执行审定批准，同时考察计划执行的合理性和有效性，区分政策性亏损与经营性赢亏，结合中央和当地财政转移支付能力，协调平衡后对运输公司的运营进行财政补贴，确保运输企业的正常运营。二是建立完善的财政补贴核查制度。建立企业财务核查和政府购买服务的合同监督机制，对受补企业补贴资金的利用进行考察评估，政府派监督人员监督企业的经营和服务责任达标情况。三是充分发挥市场配置资源作用，提高企业本身的持续竞争力。引入政府购买服务的招标竞争机制、政府授权经营合同管理机制、服务质量信誉考核与市场准入与退出等机制与制度，以促进客运企业提高运营收入，从而逐步减少政府的财政补贴。

4.2.7 推进试点工程科学实施

创建城乡交通一体化试点工程是快速推进城乡交通一体化工作的重要抓手，是实现基本公共服务均等化的有效举措，对更好地满足广大人民群众出行需要、促进城乡经济社会协调发展具有重要意义。下一步，要做好几项工作：

一是研究开展城乡交通一体化试点工程。在“十三五”期间开展城乡交通一体化试点工程。在全国选择 100 个县级行政区，推进试点区域城乡交通全覆盖。通过城乡交通一体化试点工程，逐步形成“布局合理、方便快捷、集散有力、共享有序”的城乡交通一体化系统，城乡交通一体化对城乡经济一体化的支撑和引导作用显著增强，更好地满足城乡居民出行的需求，城乡交通滞后、二元分割的状况得到有效缓解。

二是加速城乡交通一体化试点工程的实施。目前，城乡交通一体化试点工程的工作实施方案已形成初稿，需要部进一步加大对开展城乡交通一体化试点工程工作的指导力度，加快推进部对试点工程的支持，落实相关支持资金。

参 考 文 献

[1] 宋倜,陈引社.城乡道路客运一体化有关理论问题[J].北京:综合运输,2004(9).

[2] 朱燕惠.城乡客运道路一体化发展研究[D].西安:长安大学,2003.

[3] 陈引社,宋金鹏.我国城乡道路客运一体化发展研究[J].北京:综合运输,2004(3).

[4] 李英杰,卢旭,黄红星.城乡道路客运一体化的难点问题与对策[J].南宁:西部交通科技,2006(3).

[5] 匡星,城市常规公共交通服务水平评价研究[D].长春:吉林大学,2005.

[6] 宋倜,城乡道路客运一体化问题研究[D].西安:长安大学,2003.

[7] 唐热情.城乡统筹背景下重庆道路客运一体化研究[M].北京:知识产权出版社,2014.

[8] 师桂兰.城乡公交一体化规划建设与管理初探[J].北京:城市公共交通,2005(1).

[9] 陈方红,赵月.城乡道路运输一体化的基本途径[J].北京:综合运输,2005(5).

[10] 王嘉,卢旭,卢毅.城乡客运一体化实现能力多层 BP 网络综合评价[J].长沙:系统工程,2007(3).

[11] 卢毅,卢旭,王志民.城乡客运一体化实现能力多级模糊综合评价[J].长沙:长沙交通学院学报,2007(3).

[12] 张生瑞,周伟,姜彩良,等.城市客运结构评价体系及评价方法[J].西安:长安大学学报,2004(4).

[13] 任乐.道路运输服务体系评价指标体系研究[D].西安:长安大学,2004.

[14] Mark E. T. Horn, An extened model and procedural framework for planning multimodal passenger journeys[J]. Transportation Research Part B,2003,37.

[15] 仇东东.城市交通可持续发展指标体系与模糊综合评价研究[J].长沙:中南公路工程,2005(6).

[16] 马荣国,刘洪营.城市客运交通结构评价指标[J].西安:交通运输工程学报,2004(3).

[17] Hull, A. Integrated Transport Planning in the UK: From concept to reality[J]. Journal of Transport Geography, 2005, 13(4): 318-328.

[18] Wang Zhi, Xiao DianLiang, Tian YuJia. The Integration of Urban and Rural Public Transportation Operation[C]. The 2nd International Conference on Intelligent Computing Technology and Automation, 2009, 3: 817-821.

[19] CEDER A. Public transit planning and operation: theory, modeling and practice[M]. Amsterdam: Elsevier Ltd., 2007.

[20] Steven I. Chien, Zhaoqiong Qin. Optimization of bus stop locations for improving transit accessibility[J]. Transportation Planning and Technology, 2004, 27(3): 211-227.